NATURGESCHICHTE

Vogelspinnen sind Mitglieder einer Gruppe von Tieren, die uns als Gliederfüßer - *Arthropoda* bekannt sind. Dieser Stamm stellt die erfolgreichste Gruppe von Tieren auf dieser Erde dar. Sie sind viel zahlreicher als der Stamm *Chordata*, der uns Menschen, die anderen Säugetiere, Vögel, Reptilien, Amphibien und Fische beinhaltet. Wenn der letzte Mensch

leicht noch eine weitere Million von Arten gibt, die uns unbekannt sind. Die erfolgreichste Gruppe dieser Tiere sind die Insekten, von welchen uns etwa 850 000 Arten bekannt sind.

Wenngleich sich die Anzahl von Spinnen nicht mit der Gesamtzahl von Insekten vergleichen läßt, so liegen sie im Vergleich zu anderen Tierarten doch recht gut im Rennen. Uns sind etwa 35 000 Arten von Spinnentieren bekannt, aber nur ca. 6000 Reptilienarten, 3000 Amphibienarten, 9000 Vogelarten und etwa 4500 Säugetierarten. Der Familie der Vogelspinnen gehören etwa 800 Arten an und diese Zahl ist doch schon sehr respektvoll.

Die Vogelspinnensystematik ist zu einem leidigen Thema unter den sogenannten Spezialisten geworden und ein Eingehen auf Details würde den Rahmen dieses Buches sprengen.

D. A. GRIMALDI, AMNH

Wie dieses brasilianische Fossil zeigt, gibt es Spinnen schon seit einiger Zeit auf der Erde.

diese Erde für immer verlassen hat, können Sie sicher sein, daß immer noch einige Tausende von verschiedenen Arten von Arthropoden die Erde bevölkern und es ihnen gut geht. Diese Tiere sind sehr anpassungsfähig an ihre Umgebung. Einige von ihnen leben in Kältezonen, andere wieder in den tiefsten Tiefen des Ozeans, andere leben sehr gut in Wüsten, während andere wiederum in den Meeren oder Flüssen unseres Planeten leben.

Arthropoda bedeutet Gliederfüßer und deshalb befinden sich in diesem Tierstamm z. B. Insekten, Krabben, Skorpione und natürlich die Spinnen. Es gibt etwa 1 Million identifizierter Arthropoden, die uns bis heute bekannt sind, aber es darf angenommen werden, daß es viel-

DER KÖRPERBAU VON VOGELSPINNEN

Arthropoden haben kein inneres Skelett, wie z. B. Säugetiere, Fische, Reptilien oder Vögel. Stattdessen haben sie eine äußere Skeletthülle von beachtlicher Stabilität, welche aus Chitin besteht. Diese Chitinhülle stellt einen guten Schutz dar, ist aber gleichzeitig so hart, daß sie nicht mitwachsen kann. Außerdem ist die äußere Hülle wasserdicht. Die Muskeln sind an der Innenseite des Skeletts befestigt und dadurch entsteht eine gewisse Flexibilität der Skeletthülle. Diese Skeletthülle beschützt die Tiere sehr gut gegen Freßfeinde. Da die Chitinhülle aber so hart ist, daß sie nicht mitwachsen kann, müssen diese Tiere eine Reihe von Häu-

M. GILROY

Diese Frontalansicht von *Grammostola cala* zeigt sehr schön die großen Chelizeren.

tungsphasen durchlaufen, bis sie die Endgröße erreicht haben. Während dieser Häutungsphase sind sie natürlich besonders verletzlich und können von ihren Freßfeinden erfolgreich attackiert werden. Der Wachstumsprozeß läuft bis zur Geschlechtsreife ab. Da Vogelspinnen während dieser Zeit so verletzlich sind, müssen sie die Zeit der Häutung auch in kühlen schattigen Umgebungen verbringen, damit ihr Körper nicht auszutrocknen beginnt.

Vogelspinnen sind im Verhältnis zu anderen Spinnen Riesen. Einige Arten der Vogelspinnen können über 10 cm groß werden. Gemeint ist hier die eigentliche Körpergröße, denn mit ausgestreckten Beinen können einige deutlich 20 ja sogar bis zu 28 cm Spannweite haben.

Auf den ersten Blick unterscheiden sich Vogelspinnen von echten Spinnen durch die Anordnung der Beißklauen, den sogenannten Chelizeren. In diesen Chelizeren liegen auch die Giftdrüsen der Vogelspinnen.

Der Körper von Arthropoden ist in Segmente eingeteilt und besteht in der Regel aus zwei oder drei Teilen. Das Herz von Vogelspinnen ist schlauchähnlich und das Blut fließt durch die Arterien und Venen in einem sogenannten offenen System, was bedeutet, daß Verletzungen bei diesen Tieren zu einem stärkeren und schnelleren Blutverlust führen, als bei Tieren mit einem geschlossenen Kapillarsystem. Bei den Gliederfüßern können je nach Familie die Anzahl der Beine variieren von sechs Stück bis zu mehre-

EINFÜHRUNG

Spinnen, wie sie bei uns in Europa vorkommen, erzeugen bei vielen Leuten schon Unbehagen und Abneigung. Spinnen gehören zu den Tieren, die eigentlich meist Aversionen erzeugen. Irgendwie wird von Menschen ja anerkannt, daß Spinnen z. B. lästige Fliegen fangen und dies ist ja nicht so schlecht für den Haushalt, aber ihre Spinnenweben sind wieder weniger beliebt. Denken Sie nur einmal daran, welchen Schauer es hervorruft, wenn eine dicke, fette Spinne über den Teppich im Wohnzimmer oder über die Fliesen der Küche eilt. Vielen Leuten jagt allein der Gedanke daran, schon einen Schauer über den Rücken. Auch die Literatur und Filmindustrie hat einiges dazu beigetragen, daß Spinnen nicht gerade den besten Ruf bei uns Menschen haben.

Wer bereits gegen die kleinen Spinnen in unseren Häuser Aversionen entwickelt, wird sich natürlich in keinem Fall mit dem

nen befaßten, denn diese gehören ja zu den attraktivsten Terrarientieren. Heute steigt die Zahl von Vogelspinnenliebhabern Jahr für Jahr an und so konnte es nicht ausbleiben, daß Speziallitteratur zu diesem Thema geschrieben wurde. Im bede-Verlag ist unter dem Titel "Erfolg mit Vogelspinnen" ein solches Standardwerk entstanden, welches die gut haltbaren Vogelspinnen und ihre Pflegeansprüche genau beschreibt.

Der Pflegeaufwand für Vogelspinnen ist relativ gering und somit belastet die Anschaffung einer Vogelspinne nicht überdurchschnittlich. Die Faszination, die von diesen Tieren ausgeht, macht es leicht sich für ihre Pflege zu entscheiden. Der geringe finanzielle Aufwand und das einfache Terrarium, welches Spinnen benötigen, sind weitere gute Gründe für die Häl-

Ein schönes Exemplar von *Grammostola cala*, eine der häufigsten Terrarienspinnen

terung von Vogelspinnen.

Woran liegt es nun, daß Vogelspinnen so populär geworden sind, wenn sie doch so mißverstanden werden. Liegt es vielleicht daran, daß sich viele Menschen überhaupt nicht mit der Existenz dieser

Gedanken tragen, jemals eine Vogelspinne im Haus zu pflegen. Tatsache ist, daß die meisten Vogelspinnen friedliche und stille Artgenossen sind, die sich für eine Terrarienhaltung hervorragend eignen. Leider existieren immer noch die Märchen, von der Gefährlichkeit und Giftigkeit von Vogelspinnen. Natürlich beißen manche Vogelspinnen zu, wenn sie sich in die Enge gedrängt fühlen und meist ruft der Biß auch eine allergische Reaktion oder Entzündung hervor. Sterben wird aber niemand an dem Biß einer Vogelspinne.

Der durchschnittliche Haustierhalter zog es aber dennoch niemals in Erwägung eine solche Kreatur in seinem Haus zu halten. Dennoch gab es genügend ernsthafte Terrarianer, die sich mit der Pflege von Vogelspin-

Tiere auseinandersetzen und versuchen etwas über sie herauszufinden und ihren Lebensrhythmus zu verstehen? Wenn sie es tun würden, würden sie vielleicht nicht mehr so leichtsinnig eine Spinne im Haus zertreten, sondern die Spinne vielleicht mit Hilfe eines Glases und eines Blatt Papiers aus dem Haus zu befördern. Nur eine Handvoll von tausenden von Spezies der Spinnen können dem Menschen unangenehme Bisse versetzen und sie tun dies nur, wenn sie sich durch den Menschen in Gefahr gebracht sehen. Alle Vogelspinnen sind zwar giftig, aber nur einige wenige haben überhaupt die Kraft und Möghchkeit ihr Gift durch unsere Haut zu spritzen. Nur wenige dieser Vogelspinnen sind in der Lage uns so zu stechen, daß der Stich ungefähr dem einer Biene oder Wespe entspricht. Aus diesem Grund spricht auch nichts dagegen, diese Tiere im Haus zu halten. Wo sich Kinder im Hause befinden, ist es wohl selbstverständlich, daß die Terrarien gut verschlossen gehalten werden, damit es nicht zu Überraschungen durch neugierige Kinder kommen kann. Natürlich sollten Vogelspinnen nicht ohne eine entsprechende Rücksichtnahme und Vorsicht behandelt werden, denn niemand läßt sich gern von einer Vogelspinne stechen, auch wenn das keine großen Folgen hat.

Vor der Anschaffung einer oder mehrerer Vogelspinnen sind prinzipielle Fragen zu klären. Obwohl der Pflegeaufwand für die Vogelspinne im Vergleich zu anderen Haustieren gering erscheint, sind doch einige Stunden pro Woche einzuplanen, in denen sie sich mit den Tieren beschäftigen müssen. Wichtig ist auch, daß die Mitbewohner oder Familienmitglieder mit der Pflege von Vogelspinnen einverstanden sind. Natürlich wird man hier unter Umständen auf Unverständnis oder Abscheu stoßen, so daß eine gründliche Diskussion Voraussetzung ist. Auch Personen, die sehr leicht allergische Reaktionen zeigen, sollten sich überlegen, ob sie eine Vogelspinne in ihre Wohnung holen wollen.

Es ist oft schwierig Vogelspinnen nach Arten oder gar Gattungen zu klassifizieren. Suchen Sie bei Ihrem Zoohändler nach einer gutmütigen, langlebigen Art, wie diese *Avicularia*.

M. GILROY

Hier deutlich zu sehen: Die Augen
einer Vogelspinne auf dem
Augenhügel

ren Hundert. Vo-
gelspinnen besitzen
aber acht Beine.

DIE SPINNENTIERE

Es gibt ungefähr 75 000 beschriebene Arten von Spinnentieren, die sich von Insekten dadurch unterscheiden, daß ihnen Antennen fehlen und sie nicht vier sondern drei Beinpaare besitzen. Sie haben auch nur zwei Körperhälften im Gegensatz zu Insekten, die in drei Teile eingeteilt sind. Nämlich den Kopf, Ober-körper und Hinterleib. Bei Spinnentieren ist jedoch der Kopf und der Oberkörper zusammengewachsen und das ganze wird Cefhalothorax genannt. Bei den Spinnentieren, also auch bei den Vogelspinnen sind die Beine an diesem Cefhalothorax angewachsen. Der Hinterleib enthält die Körperorgane. Am Cefhalothorax

R. BECHTER

Diese seltene Vogelspinne, *Megaphobema robusta*, zeigt was man doch für schöne Überraschungen im Zoogeschäft um die Ecke finden kann.

sitzen die meist acht Augen und die Chelizeren, deren Klauen sich von oben nach unten bewegen. Wie bereits erwähnt, liegen in diesen Beißklauen die Giftdrüsen. Der Vogelspinne ist es möglich, jede dieser Chelizeren unabhängig von der anderen zu bewegen. Das nächste Paar von Gliedmaßen nach den Chelizeren sind die Maxillipalpen. Sie sehen zwar wie schmale Beine aus, werden aber in erster Linie beim Fressen als Hilfswerkzeuge benutzt und außerdem sind sie hervorragende Sensoren. Auch beim Transport von Sperma vom Männchen zum Weibchen werden sie benutzt. Die meisten Vogelspinnen besitzen keine guten Sehmöglichkeiten, jedoch reicht es aus, um Unterschiede zwischen hell und dunkel zu erkennen. Nur bei wenigen Arten sind die Augen etwas besser entwickelt.

Die Größe von Spinnentieren ist sehr unterschiedlich und reicht von makroskopisch kleinen Vertretern bis hin zu einem großen afrikanischen Skorpion, der über 18 Zentimeter groß werden kann.

Die Spinnentiere werden in fünf Hauptgruppen unterteilt, die jeweils als Ordnung bezeichnet werden. Die Spinnen gehören in die Ordnung Araneida.

DIE SPINNEN

Nachdem wir uns um den Stamm der Gliederfüßer und den darin enthaltenen Spinnentieren, den Arachnida, gekümmert haben, können wir jetzt die Spinnen etwas enger eingrenzen. Spinnen variieren in ihrer Größe von einer kleinen Art, die nur 4 Milimeter groß wird und auf der Insel Samoa gefunden wird, bis hin zu den Giganten unter den Spinnen, deren Körperlänge über 10 Zentimeter erreichen kann. Ihre Spannweite kann dann sogar 28 Zentimeter betragen. Bei den Riesen unter den Spinnen handelt es sich um die Vogelspinnen der tropischen Wälder. Natürlich erreichen nicht alle Vogelspinnen solch gigantische Ausmaße, doch sie sind die großen Vertreter der Spinnen. Um die Zusammenhänge deutlicher zu machen, hier ein Überblick über das

Bestimmungssystem für Vogelspinnen.

Stamm: Gliederfüßer (Arthropoden)
Unterstamm: Spinnentierartige (Chelicerata)
Klasse: Spinnentiere (Arachnida)
Ordnung: Spinnen (Araneida)
Unterordnung: Vogelspinnenartige (Mygalomorphae)
Familie: Vogelspinnen (*Theraposidae*)
Unterfamilie: Echte Vogelspinnen (*Aviculariinae*)
Gattung: Vogelspinne (*Avicularia*)
Art: Gemeine Vogelspinne (*Avicularia avicularia*)

Anhand dieses obigen Beispiels ist also die Vogelspinnensystematik erklärt und erkennbar. Deutsche Namen sind übrigens für Vogelspinnen nicht üblich, ganz im Gegensatz zu den USA. Nur bei der gemeinen Vogelspinne konnte man diesen Namen finden. Vogelspinnen leben in der Regel in Erdhöhlen oder auf Bäumen, wo sie ein Netz weben. Durch interessierte Terrarianer werden Vogelspinnen heute in bachtlichen Mengen nachgezüchtet, so daß die Wildbestände kaum unter der Terraristik zu leiden haben.

DER KÖRPERBAU VON VOGELSPINNEN

Wie bereits erwähnt, unterscheiden sich Vogelspinnen durch ihre Chelizeren.

Stridulation: Eine Besonderheit bei vielen Vogelspinnen ist ihre Fähigkeit Stridulationsgeräusche von beträchtlicher Lautstärke zu erzeugen. Diese Laute geben die Tiere dann ab, wenn sie beunruhigt und gereizt werden. Bei der Verteidigungsstellung richten sie den Vorderkörper auf und beginnen mit wiegenden Körperbewegungen. Die Chelizeren sind weit geöffnet. Manchmal kauern sich die Tiere auch nieder und verstecken den Vorderkörper unter den Vorderbeinen und erheben dafür den Hinterleib. Es handelt sich dann um sogenannte Bombadierspinnen, die mit schnellen Bewegungen der Hinterbeine große Wolken feiner Reiz-

Sie sollten sich gar nicht erst angewöhnen Ihre Spinne mit dem Handschuh anzufassen. Das weiche Abdomen ist die Achillesferse einer Spinne und wirklich sehr empfindlich.

I. FRANCAIS

haare abstreifen. Ganze Wolken voll solchen Reizhaaren fliegen nun dem Angreifer entgegen. Die Reizhaare sind mit Widerhaken versehen und können sich leicht in die Schleimhäute des menschlichen Körpers festsetzen. In Nasen- und Rachenraum erzeugen sie einen unangenehmen Juckreiz. Empfindliche Personen oder Allergiker leiden sehr oft unter diesen Reizhaaren. Prüfen Sie bereits vor dem Kauf von Vogelspinnen, ob sie allergisch darauf reagieren können und verzichten Sie dann besser auf die sogenannten Bombadierspinnen als Haustiere. Diese Reizhaare sind in der Natur sehr wirksam gegen kleine Tiere, die die Spinnen in ihren Wohnhöhlen angreifen wollen.

An den verschiedensten Körperstellen sitzen die Gliedmaßen, welche Stridulationsgeräusche hervorrufen können. So können sie zum einen am Basalglied der Taster sitzen, bei anderen Arten jedoch bestehen die Stridulationsorgane aus steifen Borsten, die auf den Chelizeren sitzen. BÜCHERL 1962 hat diese Organe sehr gut als "Saitenstreichzapfen" beschrieben. Durch die gegenseitige Bewe-

Diese *Euathlus smithi* ist im Blattlaub zu Hause. Foto: R. D. Bartlett.

gung der betreffenden Gliedmaßen werden Geräusche erzeugt, die einem Zischen oder Zirpen ähneln.

Nahrungsaufnahme: Vogelspinnen haben eine eigenartige Technik der Nahrungsaufnahme entwickelt. Die Nahrung wird im wesentlichen außerhalb des Spinnenkörpers verflüssigt, da die Spinne nicht in der Lage ist, größere Teile zu verschlingen. Diese verflüssigten Nahrungsteile werden aufgesaugt. Zu diesem Zweck erbricht die Vogelspinne Verdauungssekrete auf das Beutetier. Diese Verdauungssekrete enthalten Verdauungsenzyme, welche das Beutetier leichter verflüssigen. Das erbeutete Futtertier wird auch manchmal von der Spinne vor dem Verzehr mit Spinnfäden eingehüllt, oder es wird ein sogenannter kleiner Teppich auf den Boden gesponnen, worauf das Opfer gelegt und verspeist wird. Weshalb die Spinne eine Art Teppich webt und darauf die Beute verzehrt ist noch nicht erforscht. Die Nahrungsaufnahme von größeren Beutetieren kann bis zu 24 Stunden andauern. Nach der Mahlzeit bleiben nur die unverdaulichen Teile des Knochengerüstes oder des Chitinpanzers der Beute zurück. Spinnen fressen auf Vorrat, was für den Spinnenhalter bedeutet, daß nicht täglich gefüttert werden muß. Meist genügt ein Fütterungsabstand von einer Woche. Ob die Vogelspinne ausreichend gefüttert wurde, ist am Umfang des Hinterleibs zu erkennen. Je größer der Hinterleib erscheint, desto besser ist die Futterversorgung der Spinnen gewesen. Ihre entsprechenden Futtertiere können sie im einschlägigen Zoofachhandel erwerben.

Geschlechtsorgane und Geschlechtsbestimmung: Die Geschlechtsorgane liegen auf der Unterseite des Hinterleibes und enden an dessen Basis. Die Geschlechtsorgane sind paarig und bei reifen Weibchen wird der Hinterleib weitgehend vom Ovar mit den Eiern ausgefüllt. Da die Geschlechtsbestimmung dann sehr wichtig ist, wenn eine Zucht beabsichtigt ist, sind Kenntnisse über die Geschlechtsbestimmung anzueignen. Die Geschlechtsbestimmung bei ausgewachse-

nen Tieren ist dann leichter, wenn zum Vergleich beide Geschlechter vorliegen. Die erwachsenen Männchen unterscheiden sich von den Weibchen dadurch, daß der Tarsus des Tasters zu einem Geschlechtsorgan umgewandelt wurde. Dieser Bereich ist auch verdickt. Einfacher ist die Geschlechtsbestimmung, wenn sich die Geschlechter durch verschiedene Farbkleider voneinander unterschei-

unterschiede auch am Verhalten der Tiere erkennen, wenn dies in einem Terrarium zusammengebracht werden. Ist ein Weibchen geschlechtsreif, wird es sich ganz anders gegenüber einem Männchen verhalten, als wenn dies nicht der Fall ist.

Die sicherste Möglichkeit der Geschlechtsbestimmung bietet sich immer noch durch die Untersuchung einer abgeworfenen Haut nach der Häutung an.

M. GILROY

Durch Kombination der aus den Spinndrüsen austretenden Fäden kann deren Dicke verändert werden.

den. Die Weibchen der einzelnen Arten besitzen Samentaschen, die auch Spermatheken genannt werden. In diesen Taschen kann für mehrere Monate der Samen gespeichert werden. Die Befruchtung der Eier erfolgt dann während der Ablage. Diese Spermatheken sind ein gutes Erkennungsmerkmal für Weibchen. Das Weibchen hat durch diese Spermatheken die Möglichkeit unter guten äußeren Bedingungen zur Eiablage zu schreiten. Natürlich lassen sich Geschlechts-

Gegenüberliegende Seite: Eine ausgewachsene *Poecilotheria regalis*, ist schon eine furchteinflößende Erscheinung. Foto: M. Gilroy.

Befindet sich in dieser Haut eine Spermathek dann handelt es sich sicher um ein Weibchen.

Atmungsorgane: Vogelspinnen haben eigenartige Lungen, die Buch- oder Fächerlungen genannt werden. Sie atmen über diese Buchlungen. Diese eigenartigen Lungen besitzen auch andere Mygalomorphae und Gliederspinnen. Den etwas eigenartigen Namen "Buchlunge" haben diese Lungen erhalten, weil ihre Lamellen beim Atmen den Seiten in Büchern entsprechen. Dies erinnert auch etwas an die Kiemen von Fischen. Die Lamellenplatten sind hohl und das Blut fließt durch sie. Über das Blut geschieht

S. A. MINTON

Eine tödliche australische *Atrax*-Art aus Neu Süd Wales. Die Größe und Behaarung sind kein Maßstab für die Giftigkeit einer Spinne.

ein Sauerstoffaustausch. Die Art der Lungen und ihr Aufbau ermöglicht den Vogelspinnen auch einen schnellen Bewegungsablauf, falls dies nötig ist. Auf dem Rückweg zum Herzen im Blutkreislauf gelangt das Blut an die Lungenplättchen und wird dort mit Sauerstoff aufgeladen.

Augen: Spinnen haben im allgemeinen keine gut entwickelten Augen und aus diesem Grund haben Vogelspinnen wohl auch acht verschiedene Augen. Diese Augen sitzen am Kopfende und die beiden vorderen Mittelaugen sind als sogenannte Tagaugen ausgebildet. Ihre Blickrichtung geht meistens nach oben, während die anderen Augen als Nachtaugen ausgebildet sind. Die Namen besitzen auch nach ihrer Blickrichtung verschiedene Bezeichnungen. So schauen die vorderen Seitenaugen nach seitlich vorne, während die hinteren Seitenaugen nach seitlich hinten blicken. Die hinteren Mittelaugen decken den hinteren und oberen Bereich ab. Die Hauptaufgabe der Augen scheint zu sein, die verschiedenen Helligkeitsstufen wahrzunehmen. So ist es durchaus möglich, daß sie bei günstiger Entfernung doch Objekte wahrnehmen können. Die Spinnen der Familie *Salticidae* haben dagegen gutausgebildete Augen, aber auch sie können nur wenige Zentimeter weit sehen. Ihre Sicht reicht nur soweit, damit sie ein erspähtes Insekt in ihrer Nähe anspringen und erbeuten können.

Soweit bekannt, haben Vogelspinnen keine Hörorgane, aber sie sind in der Lage selbst geringste Vibrationen und Luftbewegungen mit ihren Sinnesorganen wahrzunehmen. Die Erschütterung die sie wahrnehmen, nehmen sie über die vielen Körperhaare auf. Diese Haare geben über Nervensysteme die Wahrnehmungen an eine Zentrale weiter, die etwa mit dem Hirn von Säugetieren verglichen werden könnte. Dieses Organ liegt in dem unteren Mittelteil des Kopfes. So können bereits die geringsten Erschütterungen oder Bewegungen wahrgenommen und erkannt werden.

Andere Haare, die ebenfalls mit dem Nervensystem in Verbindung stehen um Wahrnehmungen weiterzugeben, befinden sich noch an den Beinen. Diese Haare sind besonders empfindlich gegen Bewegungen und sie melden Bewegungen die z. B. von einem fliegenden Insekt oder einem Flügelschlag eines Vogels ausgelöst werden. Die Wucht der Luftbewegung, die durch Insekten oder Vögel ausgelöst wird, ermöglicht es der Vogelspinne festzustellen, ob es sich um ein Beutetier, oder um einen Freßfeind handelt. Weitere Sinnesorgane werden auf der harten Chitinhülle gefunden. Diese Sinnesorgane ermöglichen es der Vogelspinne die Kontrolle über die Körperhaltung und die Beine zu behalten. Es ist eine Art Gleichgewichtssystem und sehr wichtig für die Vogelspinnen. Alle Sinnesorgane arbeiten zusammen.

Vogelspinnen müssen auch in der Lage sein, Flüssigkeiten zu unterscheiden. Wäre dies nicht so, würden sie ja nicht feststellen können, ob das Futter, welches sie verflüssigten, giftig war. Sie besitzen aber keine Nase und deshalb wird angenommen, daß sie über chemische Rezeptoren die Möglichkeiten haben, gefährliche Flüssigkeiten von Futterflüssigkeit zu unterscheiden. Auch das Maul besitzt Haare, die als Sensoren und Filter dienen um Flüssigkeiten zu unterschei-

Die typische Vogelspinnenabwehrhaltung, gezeigt von einer *Euathlus albopilosa*. Die Botschaft ist ganz simpel: Nicht berühren!

R. BECHTER

den. Mit ihren Sinnesorganen kommen die Spinnen sehr gut durch das Leben, denn sie haben sich perfekt an ihre Umwelt angepaßt.

Spinndrüsen: Die Spinnfäden, die von Spinnen produziert werden sind im Verhältnis zu ihrem mikroskopische kleinen Durchmesser sehr stabil. Doch das wissen die meisten Menschen, denn fast jeder von uns hat schon einmal ein Spinnennetz mit den Fingern berührt und eventuell versucht es zu entfernen. Die Spinnfäden bestehen aus wasserunlöslichen Eiweißstoffen - Proteinen, deren Festigkeit mit Kunstfasern vergleichbar ist. Eine der Hauptaufgaben von Spinnfäden und dies trifft besonders für Vogelspinnen zu, ist der Eierschutz. Auch bei der Übertragung des männlichen Samens spielen die Spinnfäden eine große Rolle. Die Spinndrüsen liegen im unteren Teil des Abdomens und ihre Ausführgange liegen auf den Außenflächen der vier Spinnwarzen. Vogelspinnen haben mindestens vier verschiedene Typen von Spinndrüsen die einen flüssigen Spinnstoff liefern, der an der Luft sehr schnell erstarrt und fest wird. Die Spinne kann die Dicke der Spinnfäden beeinflußen. Diese Spinnfäden sind sehr elastisch und können auch stark gedehnt werden, bevor sie reißen. Die Spinnen sind in der Lage, verschiedene Arten von Spinnfäden zu produzieren, je nach Notwendigkeit und Gebrauch. Spinnennetze sind auch ein Erkennungsmerkmal für die Art der Spinnen. Allerdings setzt dies sehr viel Erfahrung voraus, um über die Art des

Gegenüber: Milben sind Spinnentiere die Spinnen recht ähnlich sind. Beachten Sie die vier Beinpaare bei dieser Wassermilbe. Foto: D. Untergasser.

Schlank und sehr gefährlich, ein Weibchen einer Südafrikanischen Schwarzen Witwe, *Latrodectus indistinctus*.

P. FREED

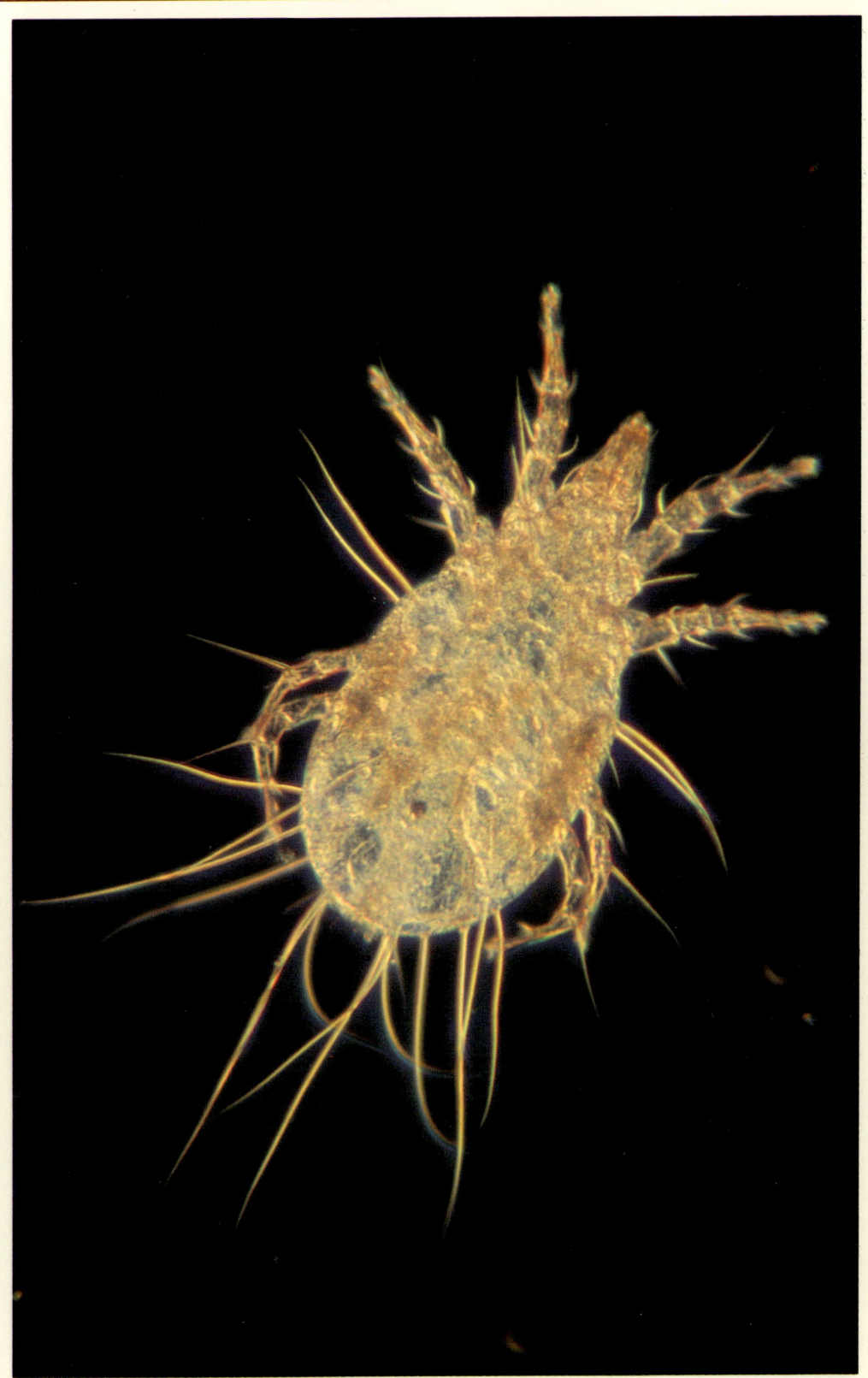

P. CARPENTER

Ein Weibchen von *Euathlus vagans* kann im Terrarium durchaus 12 Jahre alt werden.

Spinnennetzes auf die Spinnenart Rückschlüsse zu ziehen. Allein über die Spinnennetze und ihre Form haben wir noch sehr viel zu lernen, denn dieses Gebiet ist noch weitgehend unerforscht. Die Spinnennetze sind manchmal auch mit den Haaren der Spinnen imprägniert, was einem Verteidigungssystem entsprechen soll. Eindringlinge werden so durch diese Haare irritiert und so werden gleichzeitig die Eisäcke und das Gewebe geschützt. Diese Schutzhaare können an den Enden Giftstoffe enthalten.

Die Spinne ist auch in der Lage die Fäden, die aus den Spinnspulen austreten miteinander zu kombinieren und so lassen sich die Dicke der Fäden beeinflußen.

WÄRMEREGULATION

Meist teilen wir Menschen die Tiere einfach in Kaltblüter und Warmblüter ein. So gehen wir davon aus, daß sich die Körpertemperatur an der Umgebung orientiert. Also bei Reptilien oder Fischen die Körpertemperatur durch die äußeren Umstände reguliert wird. Leben Fische im kalten Wasser, haben sie eine entsprechend niedere Körpertemperatur, leben sie dagegen in warmen tropischen Gewässern haben sie eine höhere Körpertemperatur. Anders verhält es sich dagegen bei Säugetieren, die eine konstante Körpertemperatur besitzen. Auch wir Men-

Gegenüber: Der Vogelspinnenhalter sollte immer auch ein Auge für die vielen bunten Gartenspinnen, wie diese Argiope haben.
Foto: M. Gilroy.

R. BECHTER

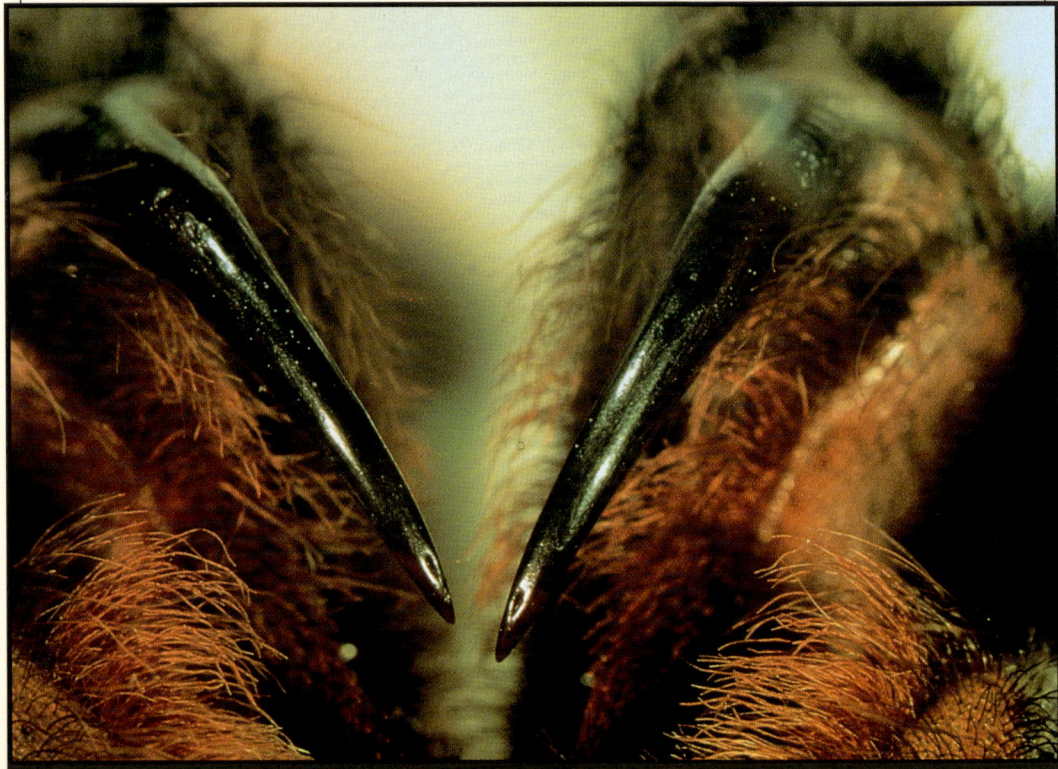

Die Chelizeren einer *Theraphosa leblondi*, können schon durch ihre Größe eine erhebliche Wunde verursachen.

schen regeln ja unsere Körpertemperatur unabhängig von der Außentemperatur. Viele Tiere sind allerdings nicht so einfach in eine Rubrik Kaltblüter oder Warmblüter einzuordnen. Zu diesen gehören auch die Vogelspinnen. Eine Vogelspinne ist in der Lage ihre Körpertemperatur leicht über oder unter der Außentemperatur zu halten. So sind sie in der Lage bei direkter Besonnung ihre Körpertempera- tur durch spezielle Körpermechanismen geringer zu halten, als die Umgebungstemperatur ist. Für die Terrrarienhaltung ist es jedoch empfehlenswert, Vogelspinnen als Kaltblüter zu behandeln. Denn sie werden schnell inaktiv wenn es ihnen zu kalt wird. Natürlich können sie auch sterben, wenn sie zu kalt gehalten werden und aus tropischen Gegenden stammen.

VOGELSPINNEN ALS HAUSTIERE

Nun haben sie einige Grundbegriffe über Vogelspinnen kennengelernt und vielleicht haben sie sich jetzt entschlossen ein solches Tier auch als Haustier zu besitzen. Ihr Entschluß eine oder mehrere Vogelspinnen zu pflegen, sollte nicht durch Sensationsgier ausgelöst werden. Denn es tut der Vogelspinne nicht gut, wenn sie ständig aus dem Terrarium genommen wird, um sie irgend jemandem vorzuzeigen, der auch einmal eine "schreckliche" Vogelspinne sehen will. Sie müssen sich auch sicher sein, daß sie die entsprechende Zeit aufbringen können, um regelmäßig nach den Tieren zu sehen. Denn obwohl sie nur wenig Pflege benötigen, kommen doch einige Stunden in der Woche zusammen. Bei der Anschaffung von Vogelspinnen müssen Sie natürlich auch auf die Mitbewohner ihrer Wohnung Rücksicht nehmen und meist ist es schwierig Ängste und Widerstände auszuräumen.

WIE GEFÄHRLICH SIND SIE WIRKLICH?

Die meisten Vogelspinnen sind keine gefährlichen Haustiere, dennoch kann es zu Problemen mit der Haltung von Vogelspinnen in Mietwohnungen kommen. Die meisten Mietverträge verbieten die Tierhaltung grundsätzlich, was aber z. B. Vögel in Käfigen, Fische in Aquarien und Tiere in Terrarien nicht einschließt. So wäre also hier die Haltung von Vogelspinnen in gesicherten Terrarien möglich. Die gesetzlichen Bestimmungen weisen natürlich nicht deutlich auf Vogelspinnen hin, jedoch könnte es nach dem Ordnungswidrigkeitengesetz schon zu Schwierigkeiten kommen, bei der Haltung von gefährlichen Tieren. Im Zweifelsfalle wäre über die örtliche Gemeinde

Eine *Pterinochilus*-Art bringt Arbeit mit sich und ist nicht gerade ein Anfängertier.

R. BECHTER

R. REGAN

Greifen Sie Ihre Vogelspinne niemals am Abdomen. Wenn Sie Ihnen einmal entwischt haben Sie möglicherweise keine zweite Chance.

für Klarheit zu sorgen.

Soweit mir bekannt ist, ist noch niemals jemand am Biß einer Vogelspinne, die als Haustier gehalten wurde, gestorben. Dies soll allerdings nicht heißen, daß einige Arten nicht durch einen Biß sehr schmerzhafte Wunden und Entzündungen hervorrufen können. Wenn Vogelspinnen aggressiv werden, dann hat der Halter sicher auch einen Fehler gemacht. Vielleicht wurden die Spinnen schlecht behandelt oder falsch angefaßt, was dann zu einem Biß führte. Ähnlich wie z. B. bei Hunden gibt es auch mehr oder weniger ruhige Spinnen. Normalerweise sehr zu empfehlen sind die meisten Arten der Gattung *Brachypelma* und *Grammostola*, die auch recht häufig im Zoofachhandel anzutreffen sind. Auch einige Vertreter der Gattung *Pamphobeteus* sind sehr friedlich und noch dazu sehr imposant.

Bereits beim Kauf können Sie feststellen, ob die Vogelspinne die Sie erwerben wollen, aggressiv ist. Sie können Sie ja in dem Terrarium des Händlers mit einem Stab etwas reizen und dann werden Sie sehen, wie sich das Tier benimmt.

Soweit bekannt ist, übertragen Vogelspinnen keinerlei Krankheiten auf den Menschen oder auf andere Haustiere. Aus diesem Grund sind sie auch sicherere Tiere als andere Haustiere, denn oft werden durch Haustiere Krankheiten auf die Menschen übertragen. Es gibt natürlich einige Vogelspinnenarten die dem

Menschen in gewisser Weise gefährlich werden können. Eine gewisse Vorsicht beim Handhaben der Spinnen ist also immer angeraten. Die im Handel üblicherweise erhältlichen Tiere gehören jedoch nicht zu diesen Vertretern.

Gerade Anfänger, die das erste Mal mit Vogelspinnen zu tun haben, haben natürlich Probleme diese Spinnen zu berühren. In der Regel sollten Vogelspinnen jedoch nicht mit den Händen angefaßt werden, obwohl die Gefahr eines Bisses nur gering ist. Um Vogelspinnen zu handhaben, bedarf es einer gewissen Übung. Im Fachhandel gibt es Hiflsmittel wie größere Pinzetten, die zum Greifen von Spinnen geeignet sind. Auch mit Hilfe von durchsichtigen Plastikdosen lassen sich Spinnen leicht von einem in das andere Terrarium umsetzen.

KÖNNEN SIE TRAINIERT WERDEN?

Diese Frage kann ganz einfach mit nein beantwortet werden. Vogelspinnen

Seltenere Exemplare, wie diese *Rhechosticta seemanni*, sollten vorsichtig behandelt werden. Es ist besser sie in ein Glas laufen zu lassen als sie mit den Fingern zu greifen. Foto: M. Gilroy

R. D. BARTLETT

Anfänger sollten sich von unidentifizierten Spinnen fernhalten, oder sie zumindest nicht anfassen. Obwohl es nur sehr wenige Berichte von ernsthaften Verletzungen durch Vogelspinnen gibt, so besteht doch kein Zweifel, daß einige Vogelspinnen einem Menschen gefährliche Bisse zufügen können. Besonders weniger behaarte Exemplare wie diese aus Afrika stammende Spinne verdienen besondere Vorsicht.

besitzen nicht die Intelligenz wie Vögel oder Hunde, denn unter Intelligenz verstehen wir, das Erinnerungsvermögen um Vorgänge zu speichern und bei Bedarf zu wiederholen. Vogelspinnen haben sicher nicht die Möglichkeit Vorgänge zu speichern. So lassen sich also gewisse Übungen nicht von der Vogelspinne erlernen. Selbstversständlich besitzen sie auch natürliche Instinkte und so können sie Hitze, Kälte und auch Futter wahrnehmen. So lassen sie sich zumindestens einige Aktionen anlernen. Wenn Sie also z. B. vor der Fütterung dreimal an die Scheibe klopfen und dann erst das Futter hineingeben, kann es sein, daß die Vogelspinne sich diese beiden Zusammenhänge "Klopfen" und "Futter" merken kann. Doch diese Übung kann dann schon wieder vergessen werden, wenn die Vogelspinne nicht hungrig ist. Also sollten Sie nicht länger darüber nachdenken, Ihre Vogelspinne als lernfähiges Haustier zu betrachten.

WIE LANGE KÖNNEN SIE LEBEN?

Es ist verbindlich verbürgt, daß Weibchen einiger Arten ein Alter von über 20

Jahren erreichen können. Die Männchen erreichen ein Lebensalter von maximal 12 Jahren, jedoch ist es so, daß sie meist zwei oder drei Jahre nach der Paarung sterben. Natürlich können aus diesen Zahlen keine Regeln abgeleitet werden, die verbindlich sind, denn die Lebensdauer hängt auch stark von den Umständen ab, unter welchen die Tiere leben. Für in Terrarien gehaltene Vogelspinnenweibchen darf eine durchschnittliche Lebenserwartung von sechs bis vierzehn Jahren angenommen werden. Für Männchen beträgt die Lebensdauer etwa drei bis sechs Jahre. Einige Arten sind schwierig zu halten und ihre Lebenserwartung liegt nur bei wenigen Jahren, denn es ist noch zu wenig über ihre Lebensbedingungen bekannt und deshalb kann es sein, daß bei der Terrarienhaltung Fehler

ristik zum Schutz der Natur bei.

Die Lebenserwartung hängt auch stark von der Kondition der Vogelspinne ab. Ein Wildfangtier könnte ja beim Erwerb schon sehr alt gewesen sein. Bei einer Nachzucht-Vogelspinne können sie über das Alter schon mehr aussagen. Bei Wildfängen kann es auch möglich sein, daß diese Parasiten besitzen und auch sonstige Gesundheitsprobleme haben, die im Terrarium zum Ausbruch gelangen. Eine Spinne aus einer gepflegten Terrarienhaltung sollte frei von Infektionen und Parasiten sein und über eine hohe Lebenserwartung verfügen.

KÖNNEN SIE ZUSAMMEN GEHALTEN WERDEN?

Auch diese Antwort kann schnell mit "nein" gegeben werden. Vogelspinnen

R. BECHTER

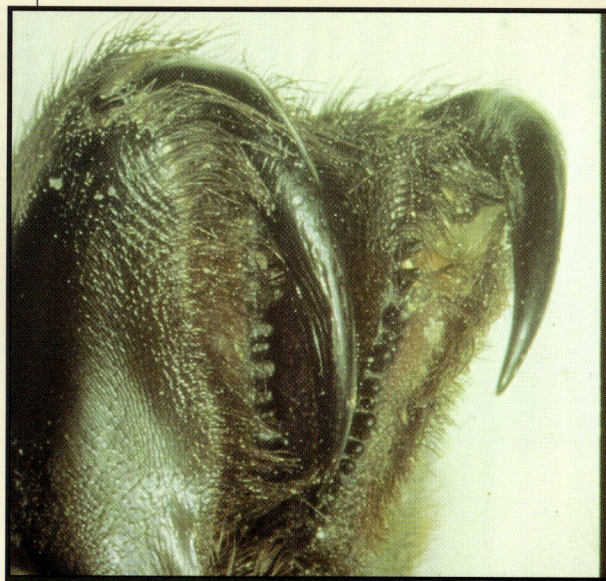 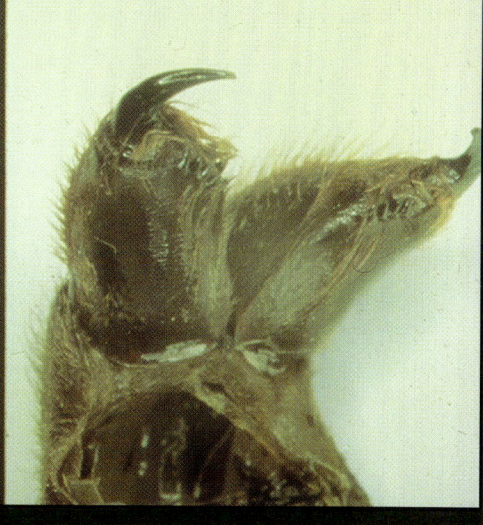

Ansichten der Chelizeren von *Theraphosa leblondi.*

gemacht werden. Doch sicher wird es möglich sein, auch diese schwierigen Arten in Zukunft optimal zu hältern und zur Nachzucht zu bringen. Dann stehen uns ausreichend Nachzuchten zur Verfügung und dann kann die Entnahme von Wildfängen aus der Natur stark reduziert werden. So trägt die gewissenhafte Terra-

sind, wie die meisten Spinnen, Einzelgänger. Vogelspinnen treffen sich nur mit einem Partner, um sich zu paaren und für Nachkommen zu sorgen. Doch auch die Paarung ist eine riskante Sache für das Männchen. Wenn das Männchen nicht entsprechend vorsichtig ist, kann es durchaus sein, daß es als Beutetier für

Die Haltung einer ausgefallenen Vogelspinne, wie *Poecilotheria regalis*, ermöglicht es Ihnen eine völlig neue Welt kennenzulernen. Extrvagante Tiere wie Vogelspinnen bedeuten eine große Lernerfahrung und auch die Flucht aus dem Alltagsleben. Foto: M. Gilroy.

das Weibchen endet. Die Paarung ist bei Vogelspinnen eine biologische Notwendigkeit und stellt kein Sozialverhalten dar.

Im Normalfall würden sich zwei Vogelspinnen, die sich über den Weg laufen, bekämpfen und die unterlegene Spinne würde von der überlegenen Spinne aufgefressen. Zumindest käme es bei gleicher Stärke zu Verletzungen der Rivalen, die möglicherweise mit dem Tod enden. Es ist deshalb keine Grausamkeit, wenn Spinnen im Terrarium einzeln gehalten werden, sondern es entspricht ihrer Biologie. So leben sie auch in der Wildnis und dies ist völlig normal. Es wäre ja auch nicht gerade sehr klug, zwei erwachsene Hamster zusammen zu halten und so gibt es noch weitere Beispiele von Tieren, die nur als Einzelgänger gehalten werden können. Nur im Falle der Nachzucht werden diese Tiere dann zusammengebracht.

BRAUCHEN VOGELSPINNEN VIEL PLATZ?

Wir werden später noch über die genauen Bedürfnisse von Vogelspinnen in Bezug auf die Terrarien sprechen. Hier kann aber bereits gesagt werden, daß sie nicht allzuviel Raum benötigen und dies macht sie auch zu gut haltbaren Hausgenossen.

SIND VOGELSPINNEN SEHR TEUER?

Sowohl im Unterhalt als auch in der Anschaffung gehören Vogelspinnen zu den Haustieren die das Budget weniger belasten. Das Aufkommen für die Fütterung ist gering, da die Fütterungsabstände entsprechend groß sind. Die Kosten für ein funktonsfähiges Terrarium lassen sich ebenfalls gut überblicken und die Vogelspinne selbst ist in der Regel nicht so teuer. Natürlich hängen die Preise der einzelnen Vogelspinnen von Angebot und Nachfrage ab. Es gibt sehr schöne Vogelspinnen, die hohe Preise von über 100 DM erzielen können. Im Normalfall liegen die Preise aber weit unter diesem Betrag.

WIE SIND VOGELSPINNEN ZU HANDHABEN?

Die Tatsache, daß Vogelspinnen keine Säugetiere oder Vögel sind, sagt schon

R. BECHTER

Oben: Vorsicht! Diese *Euathlus smithi*, ist gereizt und gerne bereit etwas dagegen zu unternehmen. Vogelspinnen müssen nicht beißen um Feinde zu vertreiben, sie können ihnen auch Haare entgegenschleudern. Ein Abdomen, das sich Ihnen entgegenstreckt ist ein deutliches Zeichen auf etwas gefaßt sein zu müssen.

Unten: Hier sehen Sie die kristalinen Haare durch die Luft, dem Feind entgegen, fliegen. Die meisten Menschen reagieren darauf mit geschwollenen Augen und Atemproblemen.

R. BECHTER

Der Fleck auf dem Abomen dieses *Theraphosa leblondi* zeigt, daß dieses Exemplar sich zuvor seiner Haare entledigte und sie einem vermeintl ichen Feind entgegenschleuderte. Diese Lücke wird mit der nächsten Häutung geschlossen werden.

R. BECHTER

aus, daß es schwieriger ist mit diesen Tieren einen engeren Kontakt aufzubauen. Vogelspinnen können durch äußere Einflüsse in Erregung versetzt werden und als Resultat können sie beißen oder die Bombadierspinnen schleudern Ihnen ihre Haare entgegen. Diese Haare sind wie bereits gesagt sehr unangenehm und können starke allergische Reaktionen hervorrufen. Gelangen diese Haare z. B. in Ihre Augen, kann es für einige Stunden oder Tage zu großen Irritationen kommen.

Der Biß einer Vogelspinne kann ungefähr mit dem Stich einer Biene verglichen werden. Auch bei einer Biene kann ein solcher Stich zu kleinen oder großen Reaktionen führen. Allergiker sollten vielleicht diese Tatsache mit ihrem Arzt vorher besprechen, bevor Sie sich zur Haltung einer Vogelspinne entschließen. Ein Biß kann eine Zweitinfektion durch Bakterien zur Folge haben. Es ist deshalb nötig, nach einem Biß die Wunde zu reinigen und antiseptisch zu behandeln. Mit entsprechender Vorsicht können jedoch solche Bisse vermieden werden. Es gilt als selbstverständlich, daß Sie Ihre Vogelspinne nicht unnötig handhaben. Diese Tiere brauchen ihre Ruhe und ist dies nicht gegeben, kann es eben dazu führen, daß sie aggressiv werden. Aquarianer pflegen ihre Fische auch, ohne diese täglich steicheln zu wollen. Das gleiche gilt auch für die Vogelspinne. Beschränken Sie sich also auf die Hälterung und die Betrachtung dieser herrlichen Tiere.

Sie müssen zwei Dinge beachten wenn Sie vorhaben eine Vogelspinne von einem Terrarium in ein anderes zu setzen. Zum einen ist ihr Körper sehr zerbrechlich und zum anderen sollten Sie vermeiden, gebissen zu werden. Die sicherste Möglichkeit eine Vogelspinne aus dem Terrarium zu entfernen um Reinigungsarbei-

Ein einfach und zweckmäßig eingerichtetes Vogelspinnen- und auch Skorpionterrarium. Heizung und Beleuchtung werden mit einer Zeitschaltur gesteuert.

P. CARPENTER

ten durchzuführen ist die, eine leere Plastikdose die möglichst durchsichtig ist über die Spinne zu stülpen. Anschließend wird der Deckel oder ein Stück Karton unter der Dose durchgeschoben und diese damit verschlossen. Während der Reinigungsarbeiten wird diese gesicherte Dose dann beiseite gestellt und nach Durchführung der notwendigen Arbeiten kann die Vogelspinne wieder problemlos zurückgesetzt werden. Die im Handel erhältlichen Stahlpinzentten sind auch zum Greifen von Spinnen geeignet. Allerdings darf die Pinzette nicht zu klein sein. Die Spinne wird mit der Pinzette nicht von oben, sondern von der Seite aufgenommen. Die Pinzette wird dabei aber nicht am Hinterleib, sondern am Vorderkörper angesetzt. Der beste Platz ist zwischen dem zweiten und dritten Beinpaar. Selbstverständlich dürfen Sie mit der Pinzette nicht zu fest zudrücken, denn sonst könnten Sie die Spinne schnell verletzen. Andererseits muß der Druck doch so stark sein, daß Ihnen die Spinne nicht entgleiten kann. Am Vorderkörper sind die Spinnen recht stabil, so daß hier eigentlich kaum Verletzungen möglich sind. Mit einiger Erfahrung ist es auch möglich Vogelspinnen mit der Hand aufzunehmen. Ausprobieren sollten Sie dies aber zuerst einmal mit einem sehr ruhigen Vertreter ihrer Sammlung. Mit dem Zeigefinger wird die Spinne am Vorderkörper leicht zu Boden gedrückt und dann werden mit Daumen und Mittelfinger, zwischen dem zweiten und dritten Beinpaar, der Vorderkörper ergriffen. Es bedarf einiger Übung die Spinne aufzuheben, denn zuerst muß einmal die Scheu überwunden werden die oft dazu führt, daß die Spinne zu vorsichtig angefaßt wird und dann fällt diese wieder herunter, wenn sie zu zappeln beginnt. Fallen Vogelspinnen aus größerer Höhe herab, kann es vorkommen, daß ihr Hinterleib stark verletzt wird, was auch zum Tod führen kann. Die Tiere verbluten dann meist, was an ihrem offenen Blutsystem liegt. Vogelspinnen können aus gewissen Höhen herunterspringen und sicher landen, aber dies ist meist dann nur der Fall, wenn sie selbst diesen Vorgang steuern. Keinesfalls können sie wie Katzen problemlos aus größeren Höhen herunterfallen. Vogelspinnen neigen beim Aufnehmen dazu, sich an Gegenständen zu verkrallen. Wenn Ihre Spinne also auf Kleidungsstücken sitzt, ist sie schwieriger abzunehmen als von einer glatten Tischplatte.

WELCHES GESCHLECHT EIGNET SICH BESSER ALS PFLEGLING?

Eigentlich gibt es da keine Unterschiede. Der Hauptunterschied und Vorteil der für Weibchen spricht, ist ihre größere Lebensdauer. Allerdings besitzen Weibchen solange sie Eier haben, mehr Aggressivität. Doch dies trifft auch dann für Männchen zu, wenn sie Samen tragen und nach Weibchen Ausschau halten. Somit ist es eigentlich fast Geschmackssache, welches Geschlecht Sie zur Haltung bevorzugen.

LEBENSWEISE

WAS MACHEN EIGENTLICH VOGELSPINNEN IM TERRARIUM UND IN DER NATUR?

Sie sind nicht sonderlich aktiv und verbringen ihren Tag mit der Erkundung ihres Lebensraumes und der Suche nach Beutetieren. Sehr aktiv werden sie nur bei der Futtersuche und wenn sie Gefahr verspüren. Nach einer Mahlzeit ziehen sie sich zu einer Ruhepause zurück. Es werden baumbewohnende und erdbewohnende Arten unterschieden. Die baumbewohnenden Arten haben die Fähigkeit sehr gut zu laufen, zu klettern und sie können sogar Gleitflüge vollführen. In ihre Nester bauen sie Blätter ein und ihr Lebensraum ist in erster Linie ein größerer Baum. Die erdbewohnenden Arten graben sich mit Hilfe der Chelizeren Wohnröhren in die Erde oder sie nehmen bereits vorhandene Löcher von anderen Tieren an. In diese Wohnröhren ziehen sie sich während der kühleren Jahreszeit und während Häutung und Brutpflege zurück. Das Zurückziehen in diese Wohnröhren kann sogar mehrere Monate andauern. Nachts begeben sich diese Vogelspinnen auf die Jagd und auf die Suche nach Beutetieren. Oft halten sich Vogelspinnen auch in Bananenstauden auf, was zur Folge hat, daß immer wieder einmal Vogelspinnen mit Bananen importiert wurden.

WESHALB WERDEN VOGELSPINNEN IMMER BELIEBTER?

Eine oder mehrere Vogelspinnen zu pflegen ist ein beliebtes Hobby geworden. Die Zahl der Vogelspinnen-Liebhaber steigt ständig an. Dies liegt sicher zum einen daran, daß diese Tiere sehr interessant und pflegeleicht sind. Natürlich könnte man auch fragen, warum sich manche Menschen einen Hund, eine Katze oder einen Vogel halten. Sicherlich doch, weil sie Freude an diesen Tieren haben. Wenn Sie also Vogelspinnen mögen und von diesen fasziniert sind, spricht nichts dagegen, solche Tiere auch zu pflegen. Vogelspinnen bieten eine große Bandbreite an verschiedenen Arten, die jedem Liebhaber die Möglichkeit geben, seine Vogelspinne zu finden. Außer der Hälterung reizt natürlich auch die Nachzucht von Vogelspinnen den engagierten Terrarianer sehr. Gewinne lassen sich mit einer solchen Zucht aber nicht erzielen, denn der Erlös ist weit geringer als der Aufwand, der bei der Zucht entsteht.

Die Nachzucht von Vogelspinnen ist sicher eine lohnenswerte Aufgabe im Bezug auf Naturschutz. Vogelspinnen sind auch Tiere, die noch nicht so populär sind und deshalb ist es gut, daß sich immer mehr Menschen mit diesen Tieren befassen, damit sie und ihre Lebensweise uns noch bekannter werden.

Vogelspinnen benötigen nicht viel Raum zur Pflege und die Kosten für eine naturgerechte Unterbringung sind nicht hoch.

Im Washingtoner Artenschutzabkommen ist nur eine einzige Vogelspinne aufgeführt im Anhang II. Dabei handelt es sich um Brachypelma smithi. Dies bedeutet, daß Sie beim Erwerb einer solchen Vogelspinne vom Verkäufer eine Cites-Bescheinigung bekommen müssen. Nur mit diesem Erlaubnispapier darf diese geschützte Vogelspinne gehandelt werden. Nach der Anschaffung dieser Art müßten Sie mit Ihrem örtlichen Landratsamt Kontakt aufnehmen, um das Tier dort anzumelden. Allerdings ist diese Anmeldung von Bundesland zu Bundesland unterschiedlich. Alle anderen Vogelspinnenarten unterliegen nicht dem Washingtoner Artenschutzabkommen und somit sind für ihren Kauf und ihre Pflege auch keine Cites-Bescheinigungen erforderlich.

UNTERBRINGUNG VON VOGELSPINNEN

Besonders in den USA wird aus einem Terrarium gerne eine übertrieben volle Landschaft gemacht, die vom Regenwald bis zum GrandCanyon alles bietet, was das amerikanische Herz begehrt.

Je nach Lebensgewohnheit der Vogelspinne muß das Terrarium, in welchem sie untergebracht werden soll, entsprechend ausgestattet werden. Prinzipielle Mindestanforderungen für Vogelspinnen-Terrarien sind Temperaturen von 20 bis 25° Celsius und eine Luftfeuchtigkeit von mindestens 70 %. Nur bei Wüstentieren kann diese Luftfeuchtigkeit unterschritten werden. Alle Vogelspinnenarten benötigen auch Trinkwasser. Dies darf nicht übersehen werden und somit ist eine Wasserschale, welche mindestens alle zwei Tage zu wechseln ist, absolute Vorbedingung. Natürlich sind Terrarien auch entsprechend zu beleuchten und dafür können je nach Ausstattung Glühbirnen oder entsprechende Leuchtstoffröhren verwendet werden. Sie benötigen also keine spezielle Beleuchtung.

Da Vogelspinnen stets alleine in ihrem Terrarium untergebracht werden, brauchen sie keine zu großen Behälter. Für Zwergvogelspinnen reichen schon Terrarien mit einer Grundfläche von 30 x 20cm aus. Eine Standardgröße für die Grundfläche eines Vogelspinnenterrariums liegt bei 30 x 30 cm oder 30 x 40 cm. Die Höhe des Terrariums ist davon abhängig, ob es sich um Erdbewohner oder Baumbewohner handelt.

ERDBEWOHNER

Handelt es sich um Erdbewohner, dann werden diese beginnen Röhren in die Erde zu bauen oder bereits vorhandene durch den Pfleger angelegte Stollen auszubauen. Diese Spinnen machen bei der Gestaltung des Terrariums weniger Arbeit, denn sie halten sich ja meist in dieser Erdhöhle auf. Terrarien für Erdbewohner müssen nicht höher als 30, maximal 40 cm sein. Für grabende Arten ist ein entsprechend hoher Bodenteil einzuplanen. Für nicht grabende Arten genügt es wenige Zentimeter Bodengrund in das Terrarium einzubringen. Da die tropischen Vogelspinnen meist bei Temperaturen über 20° Celsius gehalten werden sollen, liegt die Terrarientemperatur über der Zimmertemperatur. Um die Temperatur also zu erhöhen, muß eine Heizung in das Terrarium eingebaut werden. Die Temperatur kann z. B. durch eine Glühbirne erzeugt werden, oder durch ein Heizkabel, welches von außen an den Wänden des Terrariums verlegt wird. Es gibt auch Heizmatten, welche direkt unter das Terrarium gelegt werden können. Diese Heizkabel oder Heizmatten sollten mit einem Thermostatfühler ausgestattet werden, damit eine genaue Dosierung der Temperatur möglich ist. Bei grabenden, erdbewohnenden Vogelspinnen darf das

Heizkabel nicht in das Substrat oder direkt unter das Terrarium gelegt werden. Dies würde nämlich bedeuten, daß das Bodensubstrat von unten sehr stark erwärmt wird, was für die Spinne ein unnatürlicher Zustand ist. In der Natur ist es ja so, daß sie je tiefer sie gräbt immer feuchtere und kühlere Erdzonen erreicht. Gräbt sie jedoch in unserem beheiztem Terrarium, wird es je tiefer sie gräbt immer wärmer und trockener. Das ausgetrocknete Bodensubstrat kann der Vogelspinne Schaden zufügen. Für bodenbewohnende Arten eignet sich also eine Beheizung von oben z. B. durch eine Glühbirne besser.

Natürlich werden Sie als Terrarianer versuchen Ihr Terrarium so schön als möglich zu gestalten, denn es soll ja nicht nur eine Notunterkunft für eine Vogelspinne werden, sondern es soll ja ein attraktives Terrarium sein, welches sowohl der Vogelspinne als auch dem Betrachter gerecht wird. Aus diesem Grund

Solifugiden sind eine Randgruppe im Terrarium. Sie benötigen einige Steine, können aber sonst wie Vogelspinnen und Skorpione gehalten werden.

P. FREED

lassen sich auch Pflanzen in die Terrarien einbauen. Auch Terrarien für bodenbewohnende Vogelspinnen können bepflanzt werden. Bei der Auswahl der Pflanzen müssen Sie berücksichtigen, daß im Terrarium eine relativ hohe Temperatur und Luftfeuchtigkeit herrscht und deshalb sind tropischen Gewächsen die nicht zu groß werden der Vorzug zu geben. Bei der Auswahl ist auch zu beachten, daß im Terrarium meist zu wenig Licht für Pflanzen vorhanden ist, deshalb sind solche Pflanzen auszuwählen, die keinen hohen Lichtbedarf haben. Vogelspinnen graben in ihrem Terrarium und so kann es vorkommen, daß sie auch Pflanzen ausreissen und sogar vergraben. Sehr schöne Einrichtungsgegenstände sind Rindenstücke, die sowohl als Unterschlupf für die Spinnen dienen können, als auch als Dekorationshilfsmittel bei der Gestaltung der Rück- und Seitenwände. Immer ist die Einrichtung so auszuwählen, daß die Spinne Rückzugsmöglichkeiten hat.

Für bodenbewohnende Arten, die sich Wohnröhren bauen muß das Terrarium mindestens 15 besser 20 cm hoch mit lockerer Erde gefüllt werden. In diese lockeren Erde kann sich die Spinne vergraben. Falls Sie es wünschen, können Sie der Spinne bereits vor dem Einsetzen Röhren bauen, welche sie dann gerne benutzen. Um bodenbewohnende Vogelspinnen besser beobachten zu können, können Sie Röhren so anlegen, daß sie an der Frontscheibe liegen und eine Einsicht ermöglichen. Die Spinne wird zwar die Röhre verweben, doch meist ist noch so viel Einblick möglich, daß man die Spinne sehr gut beobachten kann. Mit etwas Glück werden Sie dann bei der Eikokonherstellung zuschauen können. Als Bodenbedeckung in einem Vogelspinnenterrarium eignen sich auch Torf oder grober Sand sowie eine Mischung aus Torf und Sand. Der Sand darf keinesfalls zu fein sein, denn er setzt sich sonst in den feinen Haaren der Tiere fest und bleibt dort haften. Beim Einbringen von Erde oder Moos aus der Natur kann es vorkommen, daß Parasiten, Milben oder Pilze miteingeschleppt werden. Günstiger ist es deshalb, sterilisierte Gartenerde zu verwenden. Wie bereits erwähnt, benötigen Vogelspinnen Wasser. Da die Spinnen bei hohen Temperaturen gerne ein Bad nehmen, darf die Wasserschale nicht zu klein, aber auch nicht zu tief sein.

Selbstverständlich müssen Vogelspinnen-Terrarien von Zeit zu Zeit gereinigt werden. Bei bodenbewohnenden Arten, die Wohnröhren bauen, erscheint eine gründliche Reinigung des Terrariums etwa alle neun bis zwölf Monate angebracht. Zu den regelmäßigen, d.h. öfter anfallenden Reinigungsarbeiten gehört allerdings die Reinigung der Glasscheiben, da diese im täglichen Betrieb immer wieder verschmutzt werden.

BAUMBEWOHNER

Wie es der Name schon sagt bewohnen diese Vogelspinnenarten bevorzugt Bäume und deshalb ist es für sie günstiger, wenn das Terrarium höher ist. In dieses Terrarium muß nur eine geringe Höhe an Bodengrund eingebracht werden. Optimal wäre für baumbewohnende Vogelspinnen ein kleiner Baum mit immer grünen Blättern, den die Spinne sehr schnell als ihre zukünftige Heimat akzeptiert. In diesem Baum klettert sie begeistert herum und hier kann sie auch Blätter zusammenspinnen. So läßt sich ein Nest bilden, in welchem sie ihre Häutung, die Spermaaufnahme und auch die Eikokonherstellung vornehmen kann. Auch für baumbewohnende Arten muß eine Wasserschale bereitgestellt werden und auch diese Vogelspinnen nehmen ab und zu gern ein Bad in dieser Schale.

Neben einem immergrünen Baum kann zusätzlich noch ein Ast oder Korkrindenstücke im Terrarium eingebaut werden, um weitere Versteckmöglichkeiten zu schaffen. Ein Terrarium für baumbewohnende Vogelspinnen kann also noch aufwendiger gestaltet werden, als eines für bodenbewohnende Arten. Die Luftfeuchtigkeit im Terrarium wird erreicht indem dieses besprüht wird oder das Bodensubstrat gegossen wird. Natürlich können Sie auch beide Methoden kombinieren.

Bei Baumbewohnern ist es so, daß diese gerne den Tau von den Blättern trinken und wenn sie die Pflanzen regelmäßig besprühen, haben die Spinnen die Möglichkeit direkt von den Blättern zu trinken. Das Wasser zum Sprühen und Gießen sollte temperiert sein und in etwa der Temperatur des Terrariums entsprechen. Die Spinne selbst sollte nicht direkt angesprüht werden, denn es kommt sonst zu Schreckreaktionen. Bei bodenbewohnenden Arten ist es übrigens ausreichend, wenn nur das Substrat gegossen wird. Der Nachteil des Besprühens ist, daß sich Wasserflecken und möglicherweise Kalkflecken an den Glasscheiben bilden. In Gegenden mit sehr hartem Wasser kann diese Erscheinung schon lästig werden. Es wäre dann zu überlegen, ob nicht besser destilliertes Wasser zum Besprühen verwendet wird.

Werden baumbewohnende Vogelspinnenarten in kleineren Terrarien gehalten, die nicht die entsprechende Höhe aufweisen und auch keine Bäumchen oder Sträucher besitzen, dann sollte zumindest mit Hilfe von Ästen und Korkrinden die Möglichkeit gegeben werden, daß die Spinnen sich hier ein Nest bauen können.

Jedes Terrarium muß eine gute Lüftung aufweisen, jedoch sollte es nicht zum Durchzug kommen.

SICHERHEIT DES TERRARIUMS

Jedes Terrarium sollte auf seine Ausbruchsicherheit geprüft werden. Auch aus rechtlichen Konsequenzen ist es unbedingt erforderlich ein Terrarium verschließbar oder ausbruchsicher zu gestalten. Im Fachhandel gibt es zahlreiche Terrarientypen in den verschiedensten Größen und Variationen. Allerdings sind einige für die Haltung von Vogelspinnen nicht geeignet. Vorbedingung für den Kauf eines Terrariums muß die Abschließbarkeit sein. Im Handel gibt es Terrarien, die eine senkrecht verlaufende Schiebetüre besitzen, die nach oben herausgeschoben werden kann. Dieses Terrarium ist auch ohne Verschluß ausbruchsicher, da das Gewicht der Scheibe verhindert, daß die Vogelspinne ausbrechen kann. Allerdings wäre es möglich, daß größere Kinder diese Scheibe herausschieben und dann in das Terrarium greifen. Ein kindersicherer Verschluß ist also auch hier unbedingt einzubauen. Oft sind Terrarien mit waagerecht angeordneten Schiebescheiben versehen. Diese Scheiben laufen durch U-Schienen und können gegenseitig zueinander verschoben werden. Wir kennen diese System ja auch von Glasschränken. Solche Scheiben sind nicht hundertprozent Ausbruchsicher und hier wäre es erforderlich diese Terrarienscheiben zusätzlich zu sichern. Es gibt im Handel spezielle Schlösser, die z. B. auch bei Ausstellungsvitrinen verwendet werden. Diese Schlösser garantieren eine kindersichere Aufstellung. Natürlich ist es dann sinnvoll den Schlüssel auch so aufzubewahren, daß kein Unbefugter Zugriff dazu hat.

Die Hälterung in Glasaquarien ist sicherlich nicht ideal für Vogelspinnen und sollte abgelehnt werden. Ein altes Aquarium zu einem Vogelspinnen-Terrarium umzufunktionieren ist also nicht die Lösung.

Jedes Terrarium sollte mit einem Thermometer und eventuell auch mit einem Hygrometer ausgestattet sein, um Temperatur und Luftfeuchtigkeit zu kontrollieren.

HEIZUNG

Da Vogelspinnen ihre Körpertemperatur nicht regulieren können, wie z. B. Säugetiere oder Vögel, müssen sie als Halter der Vogelspinne dieser ideale Umgebungstemperaturen garantieren. Wie bereits gesagt, liegen diese Temperaturen in der Regel zwischen 20 und 25° Celsius. Wobei allerdings eher 24 und 25° Celsius die ideale Temperatur wäre.

In den Wüstengebieten des Südwestens der USA, wo sehr viele Vogelspinnenarten beheimatet sind, kann in Gegenden von Tausend Metern über dem Meeresspiegel in den Monaten von Oktober bis April die Nachttemperatur sehr stark fallen. Während dieser Zeit gibt es eiskalte Winde und die klimatischen Unterschiede zwischen Tag und Nacht sind enorm. Natürlich können Vogelspinnen in diesen Regionen überleben, denn sie sind darauf eingerichtet. Es kommt während dieser Jahreszeit zu einer Reduzierung der Aktivitäten und der Organismus beschränkt sich auf das Nötigste. Werden solche Vogelspinnen, die eine Art Winterschlaf halten, jetzt im Heimterrarium das ganze Jahr über bei hohen Temperaturen gehalten, wird sich dies auf ihren Lebensrhythmus auswirken müssen. unter anderem wird es dazu führen, daß z. B. die Nachzucht nicht mehr funktioniert. Dies bedeutet auch, daß diese Vogelspinnenarten Ruheperioden haben müssen, in welchen die Temperaturen abgesenkt werden. Während dieser Zeit sind sie im Terrarium inaktiv. Als Pfleger verschiedenster Vogelspinnenarten müssen Sie sich nach den Lebensbedingungen ihrer Hausgenossen erkundigen, um diesen die optimale Unterbringung zu garantieren. Gerade die Temperaturschwankungen spielen eine große Rolle bei der Paarungsbereitschaft von Vogelspinnen.

Es kann also erforderlich werden, nicht mehr das gesamte Terrarium zu heizen, sondern nur noch Teile dieses Terrariums. Dies kann z.B. erreicht werden durch ein entsprechendes Verlegen der Heizkabel oder durch das Einbringen von Heizsteinen. Im Handel sind solche "Heizsteine", die allerdings aus Kunststoff sind und beheizbar sind. So lassen sich spezielle Zonen des Terrariums gezielt beheizen und die restlichen Zonen haben ein anderes Temperaturgefüge, welches dann der Spinne besser entspricht.

Die Terrarientemperatur von 20 - 25 ° Celsius wird also durch den Einsatz von Heizkabeln oder Glühbirnen erreicht. Beim Einsatz von Glühbirnen muß über die Wattzahl herausgefunden werden, welche Temperatur erreicht wird. Bei kleineren Terrarien mit einer Grundfläche von 30 x 30 cm reichen in der Regel Glühbirnen mit 25 Watt völlig aus. Bei größeren Terrarien kann dann eine 40 Watt Birne erforderlich sein. Schwieriger ist es beim Heizkabel die richtige Watt-

zahl herauszufinden. Hier muß Beratung durch ihren Zoofachhändler erfolgen. Jedoch sollten Sie ein Heizkabel mit mindestens 50 Watt Leistung verlegen, denn außerhalb des Terrariums verlegt ist die Heizwirkung doch deutlich geringer. Heizt sich in der Praxis dann das Terrarium zu stark auf, so muß das Heizkabel über einen Thermostat oder eine Zeitschaltuhr geregelt werden. Über Nacht kann die Temperatur leicht abgesenkt werden. Selbstverständlich sind Heizkabel und Glühbirnen so anzubringen, daß in keinem Falle die Spinnen verletzt werden können. Baumbewohnende Spinnenarten klettern im Terrarium herum und so könnten sie durch innen angebrachte Glühbirnen verletzt werden. Es erscheint also logisch, daß die Beleuchtung so über dem Terrarium angebracht wird, daß die Spinne nicht an die Glühbirne kann. Lassen Sie sich bei der Einrichtung ihres Terrariums vom Fachhändler, bei welchem Sie später ihre erste Vogelspinne erwerben wollen, beraten und entsprechende Terrarienmodelle vorführen.

EINRICHTEN DES TERRARIUMS

Terrarien für Vogelspinnen können natürlich nach dem Empfinden des Besitzers sehr unterschiedlich eingerichtet werden. Hälterungsterrarien, wo die Tiere nur für kurze Zeit verbleiben z. B. vor der Paarung oder zur Quarantäne oder Beobachtung können sehr einfach ausgestattet werden. Auch junge Tiere benötigen anfangs natürlich noch kein größeres Terrarium. Sicher ist, daß alle Terrarien aber einen Bodengrund benötigen. Der einfachste Bodengrund ist Blumenerde, die nicht mit Insektenvertilgungsmittel behandelt sein darf. Auch die Verwendung von Torf ist möglich, jedoch trocknet dieser wesentlich schneller ab als Erde und nach dem Befeuchten saugt er sehr viel Wasser auf und wird schwer. Die Höhe des Bodengrundes sollte fünf bis zehn Zentimeter betragen. Die Höhe beeinflußt die Luftfeuchtigkeit, denn je mehr Bodengrundmasse im Terrarium ist, desto leichter läßt sich die Luftfeuchtigkeit regulieren, denn der Bodengrund

R. REGAN

Solche kleinen Plastikterrarien bieten gute Möglichkeiten einzelne Vogelspinnen aufzuziehen. Sie sind einfach in der Handhabung, leicht zu reinigen und sicher zu verschließen. Besonders interessant ist es mehrere Geschwister nebeneinander bei der Aufzucht zu beobachten.

speichert ja entsprechende Mengen Wasser.

Einrichtungsgegenstände sind Wurzeln aller Art sowie runde Steine und Korkrinden. Gerade Korkrinde ist ein ideales Einrichtungsmittel um kleine Versteckplätze aufzubauen. Die Einrichtung mit Pflanzen ist in jedem Falle positiv zu sehen, denn sie vermittelt dem Terrarium ein gefälligeres Aussehen. Überhaupt ist bei der Gestaltung des Terrariums keine Grenze gesetzt. Je mehr natürlich in das Terrarium eingebaut wird, desto schwieriger ist unter Umständen auch die spätere Reinigung.   Das sollten Sie dabei bedenken. Die Reinigungsmöglichkeit sollte immer in Betracht gezogen werden beim Einrichten des Terrariums.

AUFSTELLUNG DES TERRARIUMS

Am wichtigsten ist, daß das Terrarium nicht direktem Sonnenlicht ausgesetzt wird. Durch starke Sonneneinstrahlung käme es nämlich zu einer schnellen Auf-

heizung des Terrariums, was katastrophale Folgen haben könnte. In einem solche kleinen Terrarium kann sich die Temperatur bei Sonneneinstrahlung dramatisch erhöhen. Selbstverständlich sollten Terrarien auch nicht einem Durchzug ausgesetzt werden und einigermaßen ruhig sollte es im Umfeld des Terrariums ebenfalls sein.

Zur Beobachtung der Tiere während der Nachtzeit können Sie z. B. ein Blaulicht oder Nachtlicht in der Nähe der Terrarien anbringen, denn dann hätten Sie die Möglichkeit diese bei ihren nächtlichen Aktivitäten zu beobachten. Dieses Nachtlicht könnte mit einer Zeitschaltuhr so geregelt werden, daß es vor dem Abschalten der Tagesbeleuchtung aktiviert wird. Günstig ist es auch, wenn die Terrarien in Augenhöhe aufgestellt werden, was bedeutet, daß sie die Höhe danach richten sollten, ob sie vor dem Terrarium stehen oder sitzen.

SÄUBERUNG DES TERRARIUMS

Natürlich müssen Terrarien für Vogelspinnen auch gereinigt werden. Da Vogelspinnen aber sehr reinliche Tiere sind, ist eine aufwendige Reinigung des Terrariums in kurzen Abständen nicht erforderlich. Die Reinigung der Seitenscheiben kann je nach Verschmutzungsgrad öfters erfolgen, der Austausch des gesamten Bodensubstrats jedoch beschränkt sich auf Zeitabstände von neun bis zwölf Monaten. Die Einrichtungsgegenstände sind alle leicht herausnehmbar und können so von Zeit zu Zeit außerhalb des Terrariums gereinigt werden. Wurzeln und Korkrinde lassen sich mit einer Bürste unter heißem Wasser säubern. Wasserschalen werden ebenfalls heiß ausgespült und sonst fällt kaum etwas an Reinigung an. Futterreste die nicht aufgenommen werden, sollten möglichst bald aus dem Terrarium entfernt werden.

Sollten Sie mehere Tiere in einem Terrarium pflegen, müssen Sie dieses räumlich abtrennen. Beachten Sie die Wasserbehälter mit einem Schwamm der das Trinkwasser speichert, um ein Verschütten zu verhindern.

I. FRANCAIS

FÜTTERUNG UND HÄUTUNG

FÜTTERUNG

Wie alle Tiere benötigen auch Vogelspinnen reichlich Futter um ihren Stoffwechsel ablaufen zu lassen. Vogelspinnen entwickeln nur sehr wenig Körperaktivitäten, so daß es manchmal erscheint, daß sie nur wenig Futter benötigen. Es wird davon berichtet, daß manche Vogelspinnen für viele Monate die Nahrung verweigerten, aber dennoch keine Mangelerscheinung zeigten. Doch dies sollen Ausnahmefälle bleiben. Allerdings müssen Sie nicht beunruhigt sein, wenn ihre Vogelspinne einmal eine längere Fastenperiode von einigen Wochen einlegt. Für Vogelspinnen wurde noch kein Kunstfutter entwickelt, sie nehmen nur Lebendfutter an. Dies müssen Sie auch bei der Auswahl Ihres neuen Hausgenossen berücksichtigen, denn falls Ihnen dies nicht zusagt, müssen Sie vielleicht von der Haltung einer Vogelspinne Abstand nehmen. Allerdings fressen Vogelspinnen nur solche Tiere, die Sie sowieso nicht gerne in Ihrem Hause sehen. Das Nahrungsspektrum von Vogelspinnen ist sehr vielseitig. Es umfaßt Insekten, Würmer, andere Spinnen und kleine Säugetiere. Zu den perfekten Futtertieren gehören Mehlwürmer, Fliegen, Schaben, Grillen, Heuschrecken, aber auch kleine Mäuse ja sogar Hühnerküken. Die Größe des Futtertieres muß natürlich der Größe der Spinne angepaßt werden. So kann eine junge Spinne durch eine große Heuschrecke total überfordert werden. Eine ausgewachsene Vogelspinne der größeren Arten würde vielleicht diese Heuschrecke ignorieren und nicht als Futter betrachten. In der Regel sollte das Futtertier etwa

Vogelspinnen und andere Spinnentiere verdauen ihr Futter außerhalb des Körpers vor, indem sie es aufweichen. Von der Heuschrecke, die von dieser *Theraphosa leblondi* verzehrt wird, wird in Kürze nur noch die leere Hülle übrig sein.

R. BECHTER

maximal ein Drittel der Größe der Vogelspinne haben. Alle diese Futtertiere sind in Zoofachgeschäften oder über den Versand erhältlich ja sogar Babymäuse sind eingefroren im Fachhandel verfügbar. Diese Mäuse sind gerade ein oder zwei Tage alt und besitzen noch kein Fell. Es ist in jedem Fall besser die Futtertiere aus kontrollierten Zuchten zu kaufen, als auf den Gedanken zu verfallen, Futtertiere in der freien Natur zu fangen. Mit den selbstgefangenen Insekten können Sie sich vielleicht gefährliche Bakterien oder Parasiten einschleppen. Falls Sie mehrere Vogelspinnen halten, lohnt es sich schon, eine eigene Futtertierzucht aufzubauen.

Die Spinnen fressen natürlich nicht alles was ihnen von ihrem Halter vorgesetzt wird. Hier muß mit Gefühl vorgegangen werden um herauszufinden, was Ihre Spinnen bevorzugen. Mögen Spinnen das Futtertier nicht, werden sie es zwar erbeuten, aber nach kurzer Zeit wieder fallenlassen.

WANN UND WIEVIEL SOLL GEFÜTTERT WERDEN?

Vogelspinnen lassen sich, was ihren Appetit angeht, nicht in ein Schema pressen. Einige fressen wenig, andere wieder mehr. Als grobe Angabe zur Menge kann gesagt werden, daß eine mittelgroße Vogelspinne drei bis fünf ausgewachsene Heimchen oder Heuschrecken pro Woche fressen kann. Beginnen Sie zuerst ein Insekt in das Terrarium einzubringen. Dann werden Sie sehen was passiert. Manchmal wird die Beute auch nicht direkt verzehrt, sondern erst in einen Kokon eingewebt für einen späteren Verzehr. Bei der Futtergabe darf man sich nicht an Berichten orientieren die sagen, daß Vogelspinnen viele Monate ohne Futter und bis zu zwei Monate ohne Wasser existieren können. Als verantwortungsbewußter Halter von Vogelspinnen werden Sie versuchen ihre Spinnen so gut als möglich zu pflegen und zu füttern. Den Ernährungszustand ihrer Spinne erkennen Sie am Umfang des Hinterleibes. Besitzt die Spinne einen kleinen eingefallenen Hinterleib, dann ist sie schlecht mit Nahrung versorgt worden. Ein großer Hinterleib deutet auf eine gute Nahrungsversorgung hin. Männchen fressen allerdings nach der Reifehäutung nur wenig, um ihre Beweglichkeit zu erhalten.

Um eine Heuschrecke zu verzehren, benötigt eine Spinne etwa eine Stunde, für eine Maus dagegen dauert der Verzehrvorgang mehr als 24 Stunden.

Wenn die Häutung bevorsteht stellen Vogelspinnen meist das Fressen ein. Sind sie bis zu diesem Zeitpunkt gut gefüttert worden und befinden sie sich in einer guten Kondition, so werden sie die Häutung ohne Probleme überstehen. Nehmen die Spinnen totes Futter nicht an, dann können Sie versuchen dieses Futter an einen Faden zu hängen und vor der Spinne hin und her zu bewegen. Trotzdem dürfte es schwierig sein, die Vogelspinne durch dieses Ködern dazu zu bewegen das Futter anzunehmen. Nicht gefressenes Futter und Futterreste sollte unverzüglich wieder aus dem Terrarium entfernt werden. Verderbende Nahrungsreste sind ideale Nährböden für Milben, Pilze und Bakterien.

DIE HÄUTUNG

Das Außenskelett von Spinnen ist hart und deshalb kann es nicht mit der Spinne mitwachsen. Aus diesem Grund müssen Spinnen während der Wachstumsphase ihre zu klein gewordene Körperhülle abwerfen und eine neue größere bilden. Das Abstreifen des Außenskeletts wird Häutung genannt und stellt einen sehr schwierigen Lebensabschnitt für die Spinnen dar. Die harte Schale wird Exocuticula genannt. In der Häutungsphase bildet sich unter dem alten Skelett eine neue Cuticula, die dort noch zusammengefaltet ist und nach dem Wechsel sich noch ausdehnen kann, bevor sie durch die Sauerstoffeinwirkung der Luft fest wird. Die Häutung kündet sich bei Vogelspinnen durch Nahrungsverweigerung und zurückgezogenes Leben an. Bei Bombadierspinnen läßt sich die vorstehende Häutung sehr gut daran erkennen, daß sie sich die Haare am Hinterleib abgescheuert haben und sich die so entstan-

Das Füttern einer Vogelspinne in einem solch überladenen Terrarium kann durchaus darin resultieren, daß das Tier verhungert. Vogelspinnen - und auch Skorpione - sind nicht gerade geschickt darin das Futter zu finden, geschweige denn in einem solchen Durcheinander. Wenn Sie stark dekorierte Terrarien bevorzugen, so sollten Sie jedoch die Spinne in einem seperaten, spartanisch eingerichteteTerrarium füttern. Foto: M. Gilroy

dene Glatze langsam schwarz färbt. Vogelspinnenmännchen häuten sich nach der Reifehäutung in der Regel nicht mehr, die Weibchen dagegen häuten sich jährlich einmal auch nach erreichter Reife. Mit zunehmendem Alter allerdings häuten sich Vogelspinnenweibchen nur noch etwa alle zwei Jahre.

Vor der Häutung nimmt die Spinne keine Nahrung mehr auf und sucht sich jetzt einen geschützten Platz, den sie mit Spinnengewebe auspolstert. Dieses Gewebe erinnert wieder an einen kleinen Teppich. Auf diesen legt sie sich auf den Rücken um die Häutung durchzuführen. Die Häutung läuft so ab, daß zuerst die Gliedmaßen weit vom Körper ausgestreckt werden. So bleibt die Spinne mehrere Stunden liegen. Jetzt platzt zuerst die alte Haut an der Vorderseite des Vorderkörpers auf und dann hebt sich die Haut langsam ab. Anschließend reißt auch die dünnere Haut am Hinterleib auf und die drei Phasen der Häutung haben begonnen. In der ersten Phase wird durch Steigerung der Herzfrequenz der Vorderkörper aufgepumpt, was eben zu dem Aufplatzen der Haut führt. Der Hinterkörper schrumpft hierbei etwas. Die nach vorne gerichteten Cheliceren werden dabei bewegt um zusätzlich Spannung zu erzeugen. Schließlich kann ein Teil der alten Haut aufgeklappt werden. Den Hinterkörper kann die Spinne auch durch Aufreißen befreien. Dabei ist die Hinterleibsmuskulatur sehr aktiv. Gleichzeitig zu dieser Häutungsphase werden die Extremitäten befreit, was wohl die schwierigste Phase des Häutungsvorganges ist. Ist der komplizierte Häutungsvorgang gut abgelaufen, verharrt die Spinne noch für längere Zeit völlig unbeweglich. Das neue Chitin muß nämlich langsam hart werden. Die Spinne ist jetzt noch ganz weich und es dauert einige Tage bis sich das Skelett wieder gefestigt hat. Während dieser Zeit erfolgt auch das Wachstum der Hülle. Die frischgehäutete Vogelspinne hat jetzt sehr schöne satte Farben und sieht sehr gut aus. Während der Häutung kann die Spinne verlorene Extremitäten ersetzen. Allerdings sind diese Ersatzbei-

Vogelspinnen Häuten sich regelmäßig, abhängig vom Alter und von
der Fütterung. Die übriggebliebene
Haut kann konserviert und aufge-
hoben werden. Sie können daran
auch das Geschlecht erkennen.
Foto: M. Gilroy

P. FREED

Große Tiere aus der Gattung *Lycosa* und deren Verwandte sind auch interessante Haustiere. Dieses Weibchen trägt die gesamte Brut zu deren Schutz auf ihrem Körper. Dies ist ein verbreitetes Verhaltensmuster bei diesen Spinnen.

ne oft kleiner als die zuvor besessenen Beine. Nach mehreren Häutungen ist jedoch kein Unterschied mehr festzustellen. Mit der alten Haut hat die Spinne auch ihre Sinnesorgane, die Augenlinsen, Speiseröhre, Magen und Spinnwarzen abgeworfen. Die abgeworfene Haut sieht noch sehr spinnenähnlich aus und so könnten unerfahrene Betrachter diese Haut für eine tote oder sogar für eine lebende Spinne halten. Während des Häutungsvorgangs darf sich im Terrarium kein Futtertier befinden. Diese Futtertiere würden die Spinne stören und eventuell sogar anfressen. Daß die Spinne während der gesamten Häutunsphase nicht gestört werden darf, ist wohl selbstverständlich. Um die Häutung etwas zu erleichtern ist es günstig, wenn die Luftfeuchtigkeit im Terrarium etwas erhöht wurde. Die alte Haut kann nach einigen Tagen aus dem Terrarium entfernt werden. Wenn Sie diese Haut untersuchen, können Sie auch das Geschlecht der Spinne feststellen.

PAARUNG UND ZUCHT

Schon beim Erwerb Ihrer ersten Spinne werden Sie wahrscheinlich an eine spätere Zucht denken. Wenn Sie also ein geschlechtsreifes Pärchen einer Vogelspinnenart besitzen, wird es zu Zuchtversuchen kommen.

Viele Vogelspinnenarten lassen sich im Terrarium sehr gut nachzüchten. Allerdings sollten Sie auch die Folgen berücksichtigen und schon vorher bedenken. Wenn Sie wissen, daß ein Spinnenpärchen z. B. mehrere Hundert Eier erzeugen kann, dann können Sie sich vorstellen, welches Problem auftaucht, wenn Sie plötzlich eben so viele kleine Spinnen besitzen. In der Natur werden diese hohen Eizahlen und Schlüpflinge durch eine hohe Todesrate wieder in eine verträgliche Relation gesetzt. In Gefangenschaft sind die natürlichen Feinde aber nicht vorhanden und so kommt es dazu, daß die hunderte von Jungspinnen auch tatsächlich schlüpfen und später Probleme für Sie bereiten. Wie wollen Sie diese Jungtiere dann optimal versorgen und wo wollen sie die überhaupt absetzen? Meist läuft es dann darauf hinaus, daß die Jungtiere zusammengehalten werden und es zu Kanibalismus kommt, was dann einer natürlichen Dezimierung entspricht.

Um eine erfolgreiche Paarung einzuleiten, darf das Weibchen natürlich nicht kurz vor einer Häutung stehen, denn sonst würden nach einer Paarung die Genitalien und das darin enthaltene Sperma mit der alten Haut abgestreift werden. Für die Paarung sind also Weibchen geeignet, die sich erst vor kurzer Zeit gehäutet hatten. Auch das Männchen muß erst seine Reifehäutung hinter sich gebracht haben, denn dann baut es sein Spermanetz auf. Das Männchen baut aus Spinnfäden dieses Spermanetz und befestigt es an zwei Punkten. Unter dieses Netz kriecht es dann um das Sperma daran zu befestigen. Anschließend steigt das Männchen über das Netz und saugt mit den Bulben das Sperma auf. Erst wenn dieser Vorgang abgeschlossen ist, ist das Männchen in der Lage bei der Paarung das Sperma in die Samentaschen des Weibchens abzugeben. Der Vorgang des Baus des Spermanetzes dauert nur wenige Stunden und meist wird er vom Pfleger nicht beobachtet. Es vergehen etwa acht Wochen bis das Männchen nach der Reifehäutung seine Bulben erstmals mit Sperma versorgt hat. Besitzen Sie jetzt zwei paarungsbereite Spinnen, dann müssen Sie für diese ein Terrarium einrichten, in welchem sie sich paaren können. Allerdings ist es auch möglich, daß Männchen in das Terrarium des Weibchens einzusetzen. Voraussetzung ist, daß dieses Terrarium nicht zu klein ist und das Männchen die Möglichkeit hat, sich auch einmal vor dem Weibchen zu verstecken. Sind die Weibchen nämlich noch nicht paarungsbereit werden sie unter Umständen sehr aggressiv gegenüber den Männchen. In der Natur ist es so, daß das Weibchen in seiner Höhle ist und das reife Männchen das Weibchen in dieser Höhle besucht. Somit erscheint es auch günstig, wenn ähnliche Voraussetzungen im Terrarium geschaffen werden. Also ist es der Idealfall, wenn das Weibchen in seinem Terrarium bleibt und das Männchen dazugesetzt wird. Nur wenn das Terrarium des Weibchens wirklich zu klein ist, muß ein spezielles Terrarium für die Paarung eingerichtet werden. Für bodenbewohnende Spinnen muß eine Höhle vorhanden sein und das Weibchen muß mindestens zwei Wochen Zeit haben, vor der Paarung dieses Terrarium zu bewohnen, damit es sich an die neue Umgebung gewöhnen und seinen Sexualstoff spinnen kann.

Der Paarungsablauf bei Vogelspinnen verläuft nicht immer friedlich und deshalb ist es günstig, wenn das Terrarium entsprechend groß ist oder der Pfleger dem unterlegenen Männchen zu Hilfe eilen kann. Je nach Art beginnt das Männchen nach dem Einsetzen in das Terrarium mit dem Körper zu zucken und mit den Beinen zu trommeln. Das Weibchen nimmt diese Schwingungen wahr und verläßt die Höhle um ebenfalls mit dem Trommeln zu beginnen. Ist dies der Fall, so ist dies ein gutes Zeichen für eine erfolgreiche Paarung. Das Männchen geht dann auf das Weibchen zu und beginnt es abzutasten.

Jetzt sollte sich das Weibchen aufstellen und das Männchen stemmt das Weibchen mit dem ersten Beinpaar hoch und nimmt es fest in den Griff. Das Männchen versucht seine Bulben in der Epigastralfurche des Weibchens einzuhaken. Krümmt sich das Weibchen, so ist die Einführung des Bulbus geglückt. Nach der Begattung löst sich das Männchen und läuft vom Weibchen weg.

die Tiere aber auch sehr friedlich zueinander und das Männchen kann mehrer Tage im Terrarium des Weibchens verbleiben.

Wurde das Weibchen erfolgreich begattet, entwickelt es einen größeren Appetit und entwickelt einen dickeren Hinterkörper. Etwa sechs bis acht Wochen nach der Paarung sucht das Weibchen ein Versteck auf und beginnt dort eine Brutkammer auszubauen. Die Faktoren, die diesen

Zu Beginn der Paarung „riecht" das Männchen (hier *Euathlus vagans*) mit dem vorderen Beinpaar ob das Weibchen zur Fortpflanzung bereit ist.

Nicht immer läuft ein Paarungsversuch optimal ab. Ist das Weibchen noch nicht paarungsbereit so wird es nicht auf die Signale des Männchens antworten. Kommt das Männchen dennoch in die Nähe des Weibchens, so wird es von diesem nicht als Männchen erkannt, sondern als Beute betrachtet. Die Männchen sind zierlicher gebaut als die Weibchen und haben keine Chance gegen diese. Es bleibt den Männchen nur die Flucht, die aber nur in entsprechend großen Terrarien möglich ist. Auch unmittelbar nach der erfolgten Paarung greift das Weibchen oft das Männchen an. Falls dies passiert, müssen Sie jetzt eingreifen und das Männchen schützen. Gelingt dies nicht, wird das Weibchen das Männchen durch eine Biß töten und anschließend verzehren. Manchmal sind

Kokonbau im Terrarium auslösen sind nicht genau bekannt. Während in der Natur klimatische Veränderungen diesen Kokonbau auslösen, kann dies nicht mit Sicherheit auf das Terrarium übertragen werden. Um den Kokonbau auch im Terrarium auszulösen kann ein Klimawechsel im Terrarium simuliert werden. Möglicherweise führt dies zu einem Erfolg. Kurz vor dem Kokonbau verweigert das Weibchen die Nahrung, denn dann spinnt sie sich in ihrem Nest ein. Der Einblick in das Innere des Nests bleibt verwehrt und somit kann man nur abwarten, was darin geschehen ist. Die Eier werden in einen dicht gewebten Teppich gelegt und beim Verlassen des Körpers automatisch befruchtet. Das Weibchen rollt die Eier total in den gesponnenen Teppich ein und

R. BECHTER

Das Männchen von *Avicularia metallica* versucht das größere Weibchen (hinten, aufgerichtet) in die richtige Position für die Paarung zu bringen. Dabei muß die besondere Aufmerksamkeit den Chelizeren des Weibchens gelten, die das Männchen durchaus tödlich verletzen können.

umspinnt alles nochmals bis ein großes kugelförmiges Gebilde entstanden ist. Diesen Kokon bewacht das Weibchen bis die Jungtiere schlüpfen. Der Schlupf der Jungtiere dauert ungefähr sechs bis zehn Wochen und ist von äußeren Bedingungen und der Vogelspinnenart abhängig. Das Muttertier bewacht diesen Kokon und nimmt während dieser Zeit keine Nahrung zu sich. Ist der Kokon unbefruchtet, wird er meist nach etwa zwei Monaten aufgefressen. Die kleinen Spinnen verlassen nach dem Schlüpfen den Kokon, wobei ihre Mutter ihnen dieses Verlassen durch Öffnen des Kokons erleichtert.

Es ist auch möglich den Kokon dem Weibchen wegzunehmen bzw. dieses aus dem Terrarium zu entfernen um den Jungen dann später dieses Terrarium zu überlassen. Ob der Kokon weggenommen werden soll oder nicht, löst immer wieder Diskussionen aus.

Sind die kleinen Spinnen geschlüpft müßten diese bald einzeln in geeignete kleine Terrarien umgesetzt werden. Irgendwann wird sonst der Kanibalismus einsetzen und sie werden sich gegenseitig auffressen. Kleine Terrarien für die jungen Spinnen, die ja oft nur wenige Milimeter groß sind, können Gläser oder Kunststoffdosen sein. Natürlich müssen Sie einen luftdurchlässigen Verschluß haben. Wachsen die Jungtiere heran, müssen die Behältnisse den Erfordernissen und Größenverhältnissen angepaßt werden. Es gibt im Fachhandel kleine Kunststoffterrarien zur Aufzucht von Jungspinnen, die sehr gut dafür geeignet sind. In den kleinen Terrarien muß viel Pflegeaufwand betrieben werden, denn die Spinnen benötigen die entsprechende Feuchtigkeit und auch die ideale Temperatur. Kommt es zu Trockenzeiten im Terrarium, dann sterben die Jungtiere durch Austrocknen. Die Größe der Futtertiere muß natürlich auch der Größe der Jungspinnen angepaßt wer-

R. D. BARTLETT

Eine erfolgreiche Nachzucht im Terrarium sichert den Nachwuchs einer Art in guter Qualität und deren Erhältlichkeit im Fachhandel, ohne mit Naturschutzbestimmungen in Konflikt zu geraten.

den. Die Aufzucht von Jungspinnen macht sehr viel Arbeit. Wer glaubt, daß sich die vielen Jungspinnen nun mühelos über den Fachhandel absetzen lassen, der täuscht sich. Auch Privatverkäufe sind sehr schwierig und vor allem können keine große Mengen abgesetzt werden. Nur wirklich seltene Arten könnten bei geglückter Nachzucht auch verkauft werden. Doch meist lassen sich diese seltenen Arten erst gar nicht nachziehen.

Wenn Sie also wirklich vorhaben Spinnen zu züchten, um einmal dieses Erfolgserlebnis zu haben, dann sei Ihnen empfohlen, sich intensiv mit der Zucht zu befassen und seltene Spinnen zur Nachzucht zu bringen. Wenn Ihnen das gelingt, ist die Befriedigung um so größer und dann hätten Sie auch ein Chance diese Tiere verkaufen zu können. Am liebsten werden Spinnen gekauft, die gerade dabei sind erwachsen zu werden. Doch man muß als Züchter auch wissen, daß es einige Jahre dauern kann, bis die Spinnen soweit sind, daß sie für die Paarung bereit sind. Diese lange Zeit mit der Aufzucht zu verbringen ist zum einen kostenintensiv und zum anderen arbeitsintensiv. Dies sind alles Überlegungen die vor der Zucht angestellt werden müssen.

VOGELSPINNENARTEN

Die Vogelspinnensystematik unterliegt ständigen Veränderungen und ist auch nicht ganz unumstritten. Werden alle Vogelspinnenarten zusammengezählt, so kommt man auf eine Zahl die bei knapp 800 Vogelspinnenarten liegt. Doch nur eine kleine Anzahl dieser knapp 800 Arten sind für den Terrarianer erhältlich. Die Preise für Vogelspinnen variieren je nach Art, Seltenheit und Färbung sehr stark. Handelt es sich um seltene Arten, die in Gefangenschaft nicht nachgezogen werden können, dann erzielen diese Wildfänge sicher höhere Preise als Spinnen die leicht in größeren Stückzahlen nachgezüchtet werden können. Einige Länder haben totale Exportbeschränkungen für Tiere ihres Landes erlassen und solche Bestimmungen die auch plötzlich einmal auftauchen können, beeinflußen sehr stark die Marktpreise. Wenn Sie mit der Vogelspinnenhaltung gerade beginnen, ist es empfehlenswert, daß Sie sich nur mit ein oder zwei leichter zu haltenden Arten zuerst beschäftigen und ihre Erfahrungen sammeln. Es wäre doch vermessen und falsch, gleich schwierig zu haltende Vogelspinnen zu kaufen und dann irgendwann festzustellen, daß diese verstorben sind. Je mehr Vogelspinnenliebhaber sich mit der Zucht beschäftigen, desto eher wird der Punkt eintreten, wo nur noch wenige Wildtiere der Natur entnommen werden. Die hier aufgeführten Vogelspinnen sind Arten, die in der Regel über den Versand oder das Zoofachgeschäft gut zu bekommen sind. In Deutschland ist es üblich, ausschließlich die wissenschaftlichen Namen für Vogelspinnen zu verwenden. In den USA und auch in anderen englischsprachigen Ländern neigt man dazu, den Tieren auch einen englischen Namen zu geben, denn dies erleichtert den Handel erheblich. Da die Spinnensystematik wie gesagt ständig im Umbruch ist, kann es vorkommen, daß Gattungsnamen wieder verändert wurden und unter diesem Gattungsnamen ihre Vogelspinne nicht zu finden ist, da sie sie unter einem anderen Gattungsnamen erworben hatten.

BRACHYPELMA SMITHI
Foto Seite 8 und 26

B.smithi ist die bekannteste Vogelspinne dieser Erde. In der amerikanischen Literatur wird sie jetzt neuerlich der Gattung *Euathlus smithi* genannt. Ihre Heimat ist Mexiko. In Deutschland benutzt man im Zoofachhandel gerne den Namen Rotknie-Vogelspinne. Diese Vogelspinne hat ein sehr ruhiges Wesen und wird deshalb von Terrarianern sehr gerne gehalten. Zusätzlich zu ihrer ruhigen Art besitzt sie auch noch eine auffallend schöne Färbung, die sie besonders interessant macht. Die Grundfärbung der Tiere ist dunkelbraun bis schwarz. Die Patellen der Beine sind schön orangefarben. Einzelne helle fast weiße Haare machen die Spinne noch besonders auffällig und farbenprächtig.

In Mexiko ist *B. smithi* sehr weit verbreitet und bewohnt dort Trockengebiete. Aus diesem Grund darf sie auch nicht zu feucht gehalten werden. Da sehr viele dieser Vogelspinnen aus der Natur entnommen wurden, gelangte sie jetzt als einzige Vogelspinnenart auf die Liste II des Washingtoner Artenschutzabkommens. Somit gilt sie als bedrohte Tierart und darf nur noch mit Cites-Bescheinigung gehandelt werden. Wenn Sie also ein solches Tier erwerben wollen, dann müssen Sie darauf achten, daß Sie eine solche Cites-Bescheinigung erhalten.

Ihre Popularität ist aber weiterhin ungebrochen und es bleibt zu hoffen, daß nach einer Regeneration der Bestände in Mexiko diese Spinne wieder frei gehandelt werden darf.

Sie erreicht ihre Geschlechtsreife im Alter von ungefähr fünf Jahren und ab diesem Zeitpunkt kann das Weibchen dann nochmals weitere zehn oder mehr Jahre leben. Diese Spinne bevorzugt Temperaturen im Bereich von 22 - 24 ° Celsius. Die Terrariengröße sollte etwa 30 x 30 cm oder darüber sein.

BRACHYPELMA VAGANS
Foto Seite 16

Im Fachhandel auch als Schwarzrote Vogelspinne gehandelt. Auch sie stammt aus Mexiko, Columbien und Costa Rica. Wie *B. smithi* ist sie ebenfalls eine bodenbewohnende Art. Sie erreicht eine Größe von etwa sechs Zentimeter und auf ihrem Hinterkörper befinden sich einzelne rote Haare, die sehr gut von der schwarzen Grundfärbung des Tieres abstechen. Sie ist ebenfalls sehr einfach zu halten, benötigt jedoch feuchten Bodengrund. Sie stellt etwa die gleichen Ansprüche wie *B. smithi*. Ihre Nachzucht gelingt regelmäßig und in ihrem Kokon befinden sich mehrere Hundert Jungtiere. Durch diese Tatsache ist ihr Preis sehr niedrig und wegen ihres attraktiven Aussehens und ihrer Friedfertigkeit ist sie eine beliebte Anfängerspinne geworden. Wird sie gereizt, geht sie in Abwehrstellung und dann hat der Pfleger entsprechend vorsichtig zu sein.

BRACHYPELMA EMILIA
Foto Seite 49

Auch diese Vogelspinne kommt im gesamten Mexiko und in anderen mittelamerikanischen Ländern vor. In ihrem Verhalten und auch in ihrem Aussehen gleicht sie *B. smithi*. Ihre Körperfarbe ist allerdings mehr orange und auch die Beine zeigen deutlich mehr Orangetöne. Sie ist nicht ganz so friedfertig und muß entsprechend vorsichtig gehandhabt werden. Ihre Pflegeansprüche sind die gleichen wie bei den beiden vorgenannten *Brachypelma*-Arten. Sie gehört zu den Vogelspinnen, die nicht regelmäßig im Handel zu finden sind.

BRACHYPELMA ALBOPILOSA
Foto Seite 13

Diese Vogelspinne stammt aus Honduras, Nicaragua und Costa Rica. Sie hat eine braune Körperfarbe und orangefarbene Haare an Körper und Beinen. Sie läßt sich relativ einfach nachzüchten und verhält sich sehr friedlich und kann eigentlich zur Pflege nur empfohlen werden. Natürlich kann es immer wieder einmal vorkommen, daß sie in einem Buch lesen, daß es sich um eine friedliche Art handelt und sie müssen dann bei der

Euathlus emilia wurde immer mehr zum Ersatz für die geschützte und beliebte *Euathlus smithi*. Sie ist vielleicht nicht ganz so gutmütig, aber trotzdem ein hervorragendes Terrarientier.

P. CARPENTER

Haltung feststellen, daß dies nicht so ist. Dazu kann gesagt worden, jedes Tier reagiert anders und läßt sich nicht unbedingt in ein Schema pressen. Die Männchen dieser Art können bereits im Alter von zwei Jahren ein Weibchen besamen. Aber die Weibchen sind die bessere Investition, denn sie erreichen problemlos ein Alter von über zehn Jahren.

CYRIOCOSMUS ELEGANS

Eine bodenbewohnende Zwergvogelspinne. Sie stammt aus Venezuela und Tobago. Sie macht ihrem Namen alle Ehre, denn ihre Körperlänge beträgt nur ca. einen Zentimeter und ist auffallend schön gefärbt. Die Beine dieser Spinne sind schwarz und auf der Oberseite intensiv silberfarben. Diese Kontrastfarbe zum schwarzen Körper der zusätzlich noch auf der Oberseite einen kupferfarbenen Fleck in Herzform besitzt, macht sie zu einem interessanten Objekt für Vogelspinnenliebhaber. Da es sich um eine Zwergvogelspinne handelt, kann das Terrarium entsprechend klein sein. Es genügt der Vogelspinne durchaus ein Terrarium von 20 x 20 cm. Da die Spinnen ein feuchtes Klima lieben, graben sie sich gerne in Höhlen ein und verstecken sich dort. Ihre Nachzucht ist sehr schwierig und die Aufzucht der Jungen gelingt nur Spezialisten. Sie erzielt bereits im Alter von einem Jahr schon beachtliche Preise.

GRAMMOSTOLA CALA

Foto auf Seite 1

Eine von zwei Arten in dieser Gattung, die Vogelspinnenliebhabern sehr bekannt sind. Ihre Grundfärbung erinnert an Milchschokolade. Die cremefarbenen Haare bilden einen schönen Kontrast zum braunen Körper. Sie lebt in den tropischen Wäldern Chiles und bevorzugt deshalb Temperaturen um 24 ° Celsius. Es ist auch eine höhere Luftfeuchtigkeit für diese Art empfehlenswert. Auch sie gehört zu den bodenbewohnenden Arten. Diese Spinne kann aggressiv sein und deshalb sollten Sie bei ihrer Handhabung entsprechend vorsichtig vorgehen. Testen Sie vorsichtig wie die Spinne auf Ihre Hand reagiert, wenn Sie in das Terrarium fassen. Die andere Art G. spatulata ist etwas dunkler in der Brauntönung. In deutschen Fachgeschäften wird sie auch als Rote Chile Vogelspinne bezeichnet. Diese Art ist relativ ruhig und schön behaart. Sie kann in Gefangenschaft gut nachgezogen werden. G. spatulata wird etwa sechs Zentimeter groß und gehört zu den am meisten importierten Vogelspinnen in Deutschland. Sie ist gut haltbar und stellt keine besonderen Ansprüche an ihren Pfleger. Zum Glück läßt sie sich auch gut nachzüchten, weil die Weibchen mit ihrem Partner friedlich umgehen. Ihr Kokon enthält mehrere Jungtiere. Inzwischen sind Ausfuhrverbote für diese Spinne in Chile erlassen worden, so daß in Zukunft mehr auf hier nachgezüchtete Spinnen zurückzugreifen ist. Sie wird gerne als Anfängerspinne bezeichnet, da sie sich gut handhaben läßt.

APHONOPELMA CHALCODES

Foto Seite 51

Diese kleine Vogelspinnenart wird im Südwesten der USA gefunden, kommt jedoch auch in Mexiko vor. Im Handel ist sie nicht so zahlreich anzutreffen, ist aber von Zeit zu Zeit erhältlich. Ihre Grundfärbung, hellbraun mit cremefarbenen Haaren. Der Hinterleib hat eine dunklere Färbung und unterscheidet sich deutlich in der Farbe von den anderen Teilen der Spinne. In ihrem Verhalten ist sie etwas nervös aber nicht unbedingt aggressiv. Sie kann gehandhabt werden, jedoch müssen Sie sehr vorsichtig sein, daß Sie die Spinne nicht aus Versehen fallen lassen, denn diese Art kann sich sehr leicht verletzen und verbluten.

APHONOPELMA SEEMANI

Foto Seite 21

Diese Vogelspinne stammt aus dem Gebiet von Costa Rica bis nach Texas und ist sogar in Kalifornien zu finden. Sie ist eine bodenbewohnende Art, die eine Größe von sechs Zentimetern erreicht. Sie hat eine auffallend schöne Färbung und ist deshalb sehr beliebt bei Terrarianern. Es gibt zwar Färbungsvarianten, aber in

P. CARPENTER

Aphonopelma chalcodes ist eine eher seltene und teurere Art. Ein goldener Vorderkörper und die goldenen Beine machen sie zu einer besonders faszinierenden Schönheit.

der Grundfärbung sind sie meist grau mit bläulichem Schimmer. Jedoch gibt es auch ins Braune gehende Varianten. An die Hälterung im Terrarium stellt sie keine besonderen Ansprüche. Die Art ist in der Regel nicht aggressiv, sondern ganz im Gegenteil, wenn sie mit Ihrer Hand in das Terrarium langen, wird sie flüchten. Männchen sind bereits im Alter von zwei bis drei Jahren geschlechtsreif, erreichen aber nicht das Lebensalter der Weibchen, die ohne weiteres fünfzehn Jahre alt werden können. Da diese Vogelspinnen in den Regenwäldern Costa Ricas und dem südlichen Mexiko besonders stark vorkommen, benötigen sie eine entsprechend hohe Luftfeuchtigkeit im Terrarium.

AVICULARIA AVICULARIA

Eine Vogelspinne aus Südamerika, sie ist baumbewohnend. Wie der Name schon audrückt, gehört sie zu den Vogelspinnen die auch Vögel fressen. Ihre Grundfärbung ist glänzend schwarz. Bei der Pflege dieser Vogelspinnenart ist auf die Tatsache, daß es eine baumbewohnende Art ist, Rücksicht zu nehmen. Das Terrarium muß entsprechend hoch sein und für Baumbewohner eingerichtet werden.

Da auch sie tropische Regenwälder bewohnt, ist es selbstverständlich, daß ihr im Terrarium eine entsprechend hohe Luftfeuchtigkeit angeboten wird. Die Männchen sind in der Regel kleiner als die Weibchen. Sie hat die Eigenart manchmal zu springen, was den Liebhaber überraschen kann. Diese Art ist sehr gesucht und kann in Gefangenschaft nachgezogen werden. Auch andere Arten dieser Gattung sind relativ häufig im Handel erhältlich.

AVICULARIA METALLICA

Ebenfalls eine baumbewohnende Art aus Surinam und Nordbrasilien. Sie erreicht eine Körpergröße von sechs Zentimetern und ist schwarz gefärbt mit einem bläulichem Schimmer. Dieser blaue Schimmer hat der Vogelspinne den Namen gegeben. Auch sie benötigt eine entsprechend hohe Luftfeuchtigkeit im Terrarium und außerdem sollte, da auch sie baumbewohnend ist, ein entsprechend hohes und gut eingerichtetes Terrarium angeboten werden. Diese Spinne ist sehr friedlich und kann deshalb Anfängern gut empfohlen werden. Interessant ist es sie zu beobachten, wie sie beim Laufen mit ihren Vorderbeinen ständig die Umgebung ablastet. Auch ihre Paarung ist unkompliziert, denn das Weibchen ist normalerweise gegenüber dem Männchen nicht aggressiv. Oft werden dieselben Tiere auch unter dem Namen *Avicularia avicularia* angeboten.

POECILOTHERIA REGALIS

Fotos auf Seite 10 und 24

Diese Vogelspinne stammt aus Indien und bewohnt dort die Regenwälder, was wiederum Rückschlüsse auf ihre Haltung zuläßt. Die Temperatur und die Luftfeuchtigkeit sollten hier höher gewählt werden, damit sich die Tiere wohlfühlen. Diese baumbewohnende Gattung von Vogelspinnen liefert einige sehr schön gefärbte Exemplare. Sie sind sehr gesucht und erzielen bereits hohe Preise. Ihr Name stammt aus dem griechischen und bedeutet übersetzt vielfarbig. Es sind wirklich sehr schöne und attraktive Vogelspinnen. Da alle Arten sehr schnell sind, muß bei der Handhabung entsprechend Rücksicht genommen werden. Die Arten von *Poecilotheria* können sehr aggressiv werden und müssen deshalb mit entsprechender Vorsicht behandelt werden.

THERAPHOSA LEBLONDI

Fotos auf Seite 27 und 38

Diese Vogelspinne ist, was die Körperlänge von zwölf Zentimetern betrifft, die Königin der Vogelspinnen. Sie kann ein Gewicht von bis zu 160 Gramm erreichen und manche Exemplare erzielen eine Beinspannweite von über 24 Zentimetern. Entsprechend ihrer Größe ist die Größe des Terrariums auszuwählen. Als Mindestgröße sind 40 x 40 Zentimeter für das Terrarium anzusehen. *T. leblondi* liebt Feuchtigkeit und darf deshalb keinesfalls zu trocken gehalten werden. Die Spinne ist einheitlich kaffeebraun gefärbt und nicht besonders farbenprächtig. Sie beeindruckt in erster Linie durch ihre Größe. Diese Vogelspinne ist in Südamerika beheimatet und gehört zu den bodenbewohnenden Arten. Entsprechend ihrer Größe kann sie einen gewaltigen

Appetit entwickeln. Somit ist sie nicht unbedingt nur mit großen Insekten zufriedenzustellen. Sie benötigt schon mindestens zwei oder drei größere Insekten am Tag. Je nach Appetit läßt sich die Futtermenge regulieren. Aufgrund ihrer Größe, ihres enormen Temperaments und auch ihres hohen Futterbedarfes ist sie nicht unbedingt eine Anfängerspinne. Da sie relativ oft angeboten wird, könnte es ja sein, daß sie schwach werden und zugreifen. Allerdings ist auch zu berücksichtigen, daß *T. leblondi* eine sehr stark bombadierende Vogelspinne ist. Ihre Reizhaare scheinen besonders aggressiv zu sein und Vorsicht ist hier geboten. Obwohl sie sehr aggressiv ist, ist sie im Paarungsverhalten sehr friedlich.

METRIOPELMA ZEBRATA

Foto auf Seite 53

Sie gehört zu den kleineren Vogelspinnen und kann sich sehr schnell bewegen, falls sie das wünscht. Auch sie ist relativ aggressiv und muß entsprechend vorsichtig gehandhabt werden. Da es sich um eine schöngefärbte Vogelspinne handelt, wird sie gerne gekauft, allerdings ist sie nicht so häufig im Handel erhältlich. Die Grundfärbung ist braun mit ins Schwarze gehende Teile. Die Farbe ist vom Alter und dem einzelnen Individuum abhängig. Der Hinterleib weist eine mehr orangefarbene Zeichnung auf mit dunklen braunen Streifen. Da auch sie aus tropischen Regenwäldern stammt, muß darauf geachtet werden, daß die Luftfeuchtigkeit ungefähr bei 80 % liegt. Die Luftfeuchtigkeit spielt bei allen aus tropischen Regenwäldern stammenden Vogelspinnenarten schon eine entscheidende Rolle.

ANDERE ARTEN

Die Arten die hier jetzt besprochen wurden variieren in ihrer Aggressivität von friedlich bis hin zu sehr aggressiv. In ihrer Farbgebung variieren sie ebenfalls von einfach gefärbt bis zu extrem farbig. Einige dieser Arten hier sind sehr preiswert, andere wiederum erzielen extrem hohe Preise. Überlegen Sie beim Kauf von

R. BECHTER

Auffällig sind die „Tigerstreifen" von *Metriopelma zebrata*. Sie macht diesen Streifen alle Ehre. Sie gehört zu den schnellsten Vogelspinnenarten.

Vogelspinnen immer welche Möglichkeiten Sie haben und welches Tier wohl für Sie das richtige sein könnte. Da es noch eine große Anzahl von anderen Vogelspinnenarten gibt, welche für die Terrarienhaltung in Frage kommen und auch regelmäßig im Fachhandel angeboten werden, empfiehlt es sich weiterführende Vogelspinnenliteratur zu studieren. Im gleichen Verlag ist das Buch von Andres Tinter "Erfolg mit Vogelspinnen" erschienen. In diesem Buch sind weitere Vogelspinnenarten aufgeführt und beschrieben.

Sericopelma communis gehört zu den Exoten und ist im Fachhandel nur schwer zu finden. Foto: R. Bechter.

DIE PFLEGE VON SKORPIONEN

WAS IST EIN SKORPION?

Skorpione gehören ebenfalls zu den Gliederfüßern und umfassen etwa Tausend Arten. Sie sind über die ganze Erde verbreitet, bewohnen aber vornehmlich die tropischen und subtropischen Bereiche der Erde. In den gemäßigten Zonen kommen sie kaum vor. Diese Tiere sind meist nachtaktiv, was sie vielleicht für

S. A. MINTON

Centruroides vittatus, aus dem Südosten der USA. Beachten Sie den Schwanz, der sich seitlich rollt und nicht nach oben über den Körper.

viele Terrarianer unattraktiv erscheinen läßt. Sie leben sehr zurückgezogen.

Der Körper der Skorpione weist ein breites Kopfbruststück auf, welches Cephalothorax genannt wird. Dahinter schließt sich direkt der vordere Hinterleib, das Praeabdomen und daran der gegliederte Schwanz, das Postabdomen, an. Das letzte Glied des Schwanzes ist mit einem gekrümten Stachel ausgestattet. Am Vorderkörper der Skorpione befinden sich zwei Cheliceren zum Zerkleinern der Nahrung und zwei Pedipalpen, welches zwei große Scheren sind, die die Beute festhalten. Skorpione besitzen vier Paar Schreitbeine. Für die Giftigkeit von Skorpionen ist die Schwanzspitze mit dem Stachel verantwortlich. Der Stachel ist die Fortsetzung eines blasig aufgetriebenen Schwanzgliedes, das zwei Giftblasen enthält. Diese Giftblasen enden direkt vor der Stachelspitze.

Da Skorpione, wie oben schon erwähnt, nachtaktive Tiere sind, gehen sie auch nachts auf Beutefang. Sie ergreifen ihre Opfer und versuchen diese mit den Scheren zu zerquetschen. Wehrt sich das Beutetier stark, biegt der Skorpion sein Schwanzende über den Kopf nach vorne und sucht sich am Körper der Beute eine schwache Stelle wo er zusticht. Durch das Gift wird die Beute gelähmt und kann jetzt mundgerecht zerkleinert werden. Ähnlich wie die Spinnen müssen die Skorpione die Nahrung mit Hilfe von Enzymen verflüssigen, bevor sie sie aufnehmen können.

LEBENSWEISE DER SKORPIONE.

Skorpione sind wie, bereits gesagt, nachtaktiv und leben im Verborgenen. Falls Sie die Möglichkeit haben, sind sie während des Tages total inaktiv. Erst mit dem Sonnenuntergang beginnen sie sich auf die Nahrungssuche zu machen oder nach einem Partner Ausschau zu halten. Während des Tages halten sie sich in selbstgebauten Verstecken auf. Jedoch können sie auch unter Steinen liegen oder zwischen Geäst und Baumrinde. In den Tropen klettern sie auch in Pflanzen und so ist es nicht verwunderlich einige Arten auch in Bromelien und anderen Pflanzen zu finden. Skorpione bewegen sich seitlich beim Laufen und man darf ihre Schnelligkeit nicht unterschätzen, denn sie sind in der Lage für kurze Zeit sehr schnell zu laufen. So besteht immer die Gefahr, daß sie doch noch die im Terrarium hantierende Hand erreichen können.

In der Regel werden Skorpione fünf bis zehn Zentimeter groß, jedoch gibt es in Afrika und Asien einige Exemplare die bis zu 20 Zentimeter groß werden können. Allerdings gibt es auch Zwerge unter den Vertretern der Skorpione, so leben in der Karibik und in Südamerika Arten der Gartung *Microtityus*, welche nur knapp zwei Zentimeter groß werden können. Die Größe des Skorpions sagt auch absolut nichts aus über die Gefährlichkeit seines Giftes. So sind z. B. die kleinen Arten von *Centruroides*, die gefährlichsten Arten überhaupt, und der riesige *Pandinus* aus Afrika ist am wenigsten aggressiv. Einige Skorpionarten können durchaus mit anderen Artgenossen zusammen leben. Sie entwickeln dabei keine kanibalistischen Gelüste. So ist es durchaus möglich eine große Anzahl von *Centruroides* oder *Vejovis* unter Steinen in Amerikas Südwesten zu finden. Auch erscheint es, daß die meisten Skorpione immun gegen das Gift ihrer eigenen Art sind. Dasselbe trifft

ihnen sehr schnell viele Skorpione zu finden und erstmals wurden auch sehr seltene und versteckt lebende Arten entdeckt.

DIE PAARUNG VON SKORPIONEN.

Skorpione haben ein Paar von einmaligen Sensororganen, die zwischen dem dritten und vierten Beinpaar an der Bauchseite liegen. Dieses Paar kammartiger Gebilde variiert von Art zu Art. Es dient auch zur Bestimmung der einzelnen Arten. In der Regel besitzen die Männchen besser ausgeprägte Geschlechtsorgane als die Weibchen. Die Genitalplatte wird auch *Operculum* genannt. Die Ge-

M. SMITH

Vejovis carolinensis, die andere weit verbreitete Art aus dem Südosten der USA. Diese Art ist harmlos und läßt sich bei Zimmertemperatur in einem Terrarium mit hoher Luftfeuchte problemlos halten.

auch auf viele Giftschlangen zu. Skorpione sind sehr gute Kletterer und dies muß ebenfalls bei der Anlage des Terrariums beachtet werden. Sie können selbst aus einem Terrarium mit Glaswänden, welches oben offen wäre, entkommen. In den frühen 60er Jahren wurde entdeckt, daß Skorpione in ultraviolettem Licht zu glühen beginnen. Diese Tatsache fiel den Forschern bei in Alkohol konservierten Exemplaren auf. Aus dieser Tatsache wurde die Möglichkeit entwickelt, Skorpione nachts mit Hilfe von UV-Licht zu finden. Skorpionfänger rüsteten sich also mit UV-Lampen aus und suchten die Gegend anch Skorpionen ab. So gelang es

schlechtsorgane des Männchens befinden sich unter diesem *Operculum*. Während der Paarung greift das Männchen die Pedipalpen des Weibchens mit seinen Pedipalpen und es sieht so aus, als wenn beide Hand in Hand laufen. Bei diesem typischen Tanz, bei welchem sich die Partner mit den Pedipalpen festhalten, setzt das Männchen einen Spermatropfen ab, welcher vom Weibchen aufgenommen wird. Nach zwei bis drei Monaten, bei einigen Arten auch länger, beginnt der Hinterleib des Weibchens anzuschwellen. Von den etwa 200 angelegten Eizellen im Körper des Weibchens gelangen etwa 30 solcher Eizellen zur vollständigen Entwicklung von Jungtieren. Allerdings schwankt die Anzahl der lebendgeborenen jungen Skorpione erheblich von Art zu Art. So gibt es Arten, die gerade ein oder zwei Jungtiere, andere wiederum können problemlos über 30 Jungtiere gebären. Im Extremfall kann es sogar vorkommen, daß einmal 100 Junge geboren werden. Die kleinen Skorpione werden als dünne, zarte, empfindliche, weiße

mals selbständig auf Beutefang ausgehen. Skorpione können übrigens ein Alter von sechs bis acht Jahren erreichen.

Viele der kleinen Skorpionarten, wie z. B. die amerikanischen und südeuropäischen Arten, wachsen sehr schnell und können bereits nach sechs bis acht Monaten geschlechtsreif werden. Die größeren Skorpionarten benötigen für ihre

P. FREED

Ein bislang unidentifizierter Skorpion - eventuell eine *Tityus* Art - aus Costa Rica. Nehmen Sie sich in Acht vor Tieren mit sehr eng zusammenliegenden Pedipalpen. Diese können oft tödlich giftig sein.

den als dünne, zarte, empfindliche, weiße Duplikate ihrer Mutter geboren. Während der ersten Wochen bleiben die jungen Skorpione bei ihrer Mutter und leben auf ihrem Rücken. Sie erhalten kein Futter, denn sie ernähren sich ausschließlich von ihrem Eisack. Nach der ersten Häutung werden sie bald den Rücken ihrer Mutter verlassen. Die Mutter frißt ihre Jungen nicht auf, sondern verteidigt diese sogar gegen Eindringlinge aller Art. Möglicherweise versorgt sie ihre Jungen auch mit kleinen Futterstückchen nach deren ersten Häutung. Die kleinen Skorpione sind nicht kanibalistisch veranlagt und können so problemlos auf ihrer Mutter leben. Nach der Häutung der Jungtiere ist der Stachel mit Gift geladen und jetzt können die kleinen Skorpione erst-

Entwicklung viel länger und teilweise erreichen sie ihre Geschlechtsreife erst nach zwei bis sechs Jahren. Normalerweise paaren sich Skorpione im Frühling, damit die Geburt der Jungen in den heißen Sommer fällt. Die Männchen sterben nach der Vereinigung mit dem Weibchen nicht ab und die Weibchen fressen auch ihre Männchen in der Regel nicht auf. So sind die Männchen in der Lage während des Jahres mit verschiedenen Weibchen abzulaichen.

WESHALB HÄLT MAN SICH EINEN SKORPION?

Skorpione sind ausgefallene Haustiere und Skorpionpfleger stoßen vielleicht bei ihren Mitmenschen auf Unverständnis und Ablehnung. Während Vogelspinnen relativ harmlose Tiere sind, sind Skorpione

Alle Skorpione sind Lebendgebärende. Dies ist ein extrem interessanter Vorgang. Oft werden trächtige Weibchen importiert, die schon nach ein paar Tagen gebären.

Dieser *Pandinus imperator* gebärt, wie alle Skorpione, weiße, hilflose, und nicht stechfähige Junge.

Diese reiten bis zu ihrer ersten Häutung, nach etwa einer Woche, auf dem Rücken der Mutter.

R. BECHTER

sehr gefährlich. Unter den vielen Skorpionarten gibt es etwa ein Dutzend, welche für den Menschen gefährlich werden können. Diese leben überwiegend in Halbwüsten und Wüsten und gehören alle der Familie *Buthidae* an. Das Gift dieser Arten setzt sich aus Proteinen und Enzymen zusammen. Wird ein Mensch von Skorpionen gestochen, dann entsteht an der Stichstelle zuerst ein brennendes Gefühl und dann ein starker Schmerz. Bereits kurz darauf beginnt eine lokale starke Anschwellung, die mehrere Tage anhält. Zu den Symptomen gehören weiterhin eine erhöhte Speichelabsonderung, Schwitzen, Muskelkrämpfe und ein Krampf in der Rückenmuskulatur. Diese neurotoxische Wirkung kann bei entsprechend hoher Dosierung schon nach wenigen Stunden zum Tod durch Atemlähmung führen. Selbst wenn sich die Patienten anfänglich wieder zu erholen scheinen, kann es plötzlich wieder zu Atembeschwerden kommen, die dann auch noch am nächsten Tag zum Tode führen. Deshalb ist eine längere ärztliche Beobachtung von Gestochenen erforderlich.

Beim Stich durch einen Skorpion ist als erste Maßnahme das Abbinden des gestochenen Körperteiles empfohlen. Oft befinden sich die Stiche an Armen oder Beinen und diese lassen sich ja gut abbinden. Natürlich darf beim Abbinden die arterielle Versorgung des Körperteiles nicht völlig unterbunden werden. Der venöse Rückfluß muß aber stark verlangsamt werden. Trotz aller möglichen Nebenwirkungen muß nach einem Stich ein Antiskorpiumserum eingesetzt werden.

Terrarianer werden sich Skorpione weniger wegen der Gefährlichkeit dieser Tiere halten, sondern mehr um sie zu studieren und sich an ihnen zu erfreuen. Auch ihre Nachzucht ist ein besonderer Anreiz für den Skorpionliebhaber. Wahrscheinlich gehören Skorpione zu den Tieren, die am wenigsten Verständnis vom Menschen erwarten können. Es ist deshalb schon begrüßenswert, wenn sich immer mehr Menschen dieser Tierart annehmen und sie kennenlernen.

PFLEGE UND AUSWAHL

Skorpione könnten in einfachen Terrarien untergebracht werden. Geeignet sind eigentlich auch alle Terrarien, wie sie für die Spinnenhaltung empfohlen werden. Da die meisten Skorpione Bodenbewohner sind, muß das Terrarium aber nicht zu hoch sein. Reine Ganzglasaquarien sind nicht geeignet. Voraussetzung für die Haltung von Skorpionen ist, daß das Terrarium absolut sicher verschlossen werden kann. Unfälle mit Skorpionen dürfen keinesfalls auf die leichte Schulter genommen werden. Skorpione haben eine Neigung zu klettern. Sie können deshalb alle Bereiche des Terrariums erreichen. Dieser Tatsache muß Rechnung getragen werden und alle Teile des Terrariums müssen ausbruchsicher sein. Die Grundfläche von Skorpion-Terrarien für kleinere und mittlere Arten sollte mindestens 20 x 20 cm besser aber 20 x 30 cm betragen. Natürlich sind nach oben keine Grenzen gesetzt Wenn Sie es für richtig halten, Ihren Skorpionen einen größeren Wohnraum zu bieten, dann tun Sie dies bitte, denn es spricht ja nichts dagegen, Skorpione auch in größeren Terrarien zu pflegen. Ob die Skorpione zusammengehalten werden können in diesem Terrarium, hängt nicht nur von der Größe, sondern auch von der Friedfertigkeit der einzelnen Arten ab. Beim Öffnen der Terrarien müssen Sie entsprechend vorsichtig vorgehen, denn Skorpione sind sehr schnell und können sich auch gut verstecken. Im Bereich der Terrarienöffnung sollten also keine Versteckplätze angelegt werden, damit es nicht beim Öffnen zu ungewollten Überraschungen kommt.

TERRARIENHEIZUNG.

Da Skorpione nachtaktive Tiere sind und den Tag meist unter Felsen und sonstigen Verstecken verbringen, dürfen Sie daraus schließen, daß Skorpione nicht der vollen Sonne oder starker Terrarienbeleuchtung ausgesetzt werden dürfen. Durch Überhitzung durch direkte Sonnen- oder Lichteinstrahlung können die Tiere sterben. Voraussetzung sind also immer schattige Versteckplätze. Sehr ein-

Opisthophthalmus carinatus, ein 10 cm langer Wüstenskorpion aus dem Süden Afrikas. Die trockenen Savannen und Wüsten sind voll von Skorpionen.

P. FREED

fach können Sie das Terrarium heizen indem Sie unter das Terrarium ein Heizkabel oder eine Heizplatte legen. Die Temperatur sollte 27 ° Celsius nicht übersteigen. Im Kapitel über Schlangen können Sie weitere Informationen über die Terrarienheizung beziehen. Auch bei der Beheizung von Terrarien für Skorpione tritt das gleiche Problem auf wie bei den Terrarien für die Vogelspinnen. Die Gefahr der übermäßigen Erhitzung des Bodensubstrates ist wieder gegeben. Es ist deshalb günstiger, wenn Sie nur einen Teil des Terrariums beheizen, so daß es praktisch zwei Klimazonen in diesem Terrarium gibt. In einer Ecke befindet sich dann eine geheizte Zone mit wärmerem Bodensubstrat, in der anderen Ecke befindet sich eine kühlere Zone, da hier keine Heizkabel verlegt wurden. Wird es den Skorpionen im Terrarium zu warm, dann werden sie sich zurückziehen und verstecken. Wenn die Hitze für sie unerträglich wird, rollen sie sich zusammen und legen sich auf den Rücken. Dieses Verhalten deutet eine starke Bedrohung dar und jetzt ist durch den Pfleger sehr schnell Abhilfe zu schaffen, da andernfalls das Tier verenden wird. Während der Sommerzeit kann es erforderlich werden, daß Sie die Heizung im Terrarium völlig abschalten müssen, da sich sonst das Behältnis zu sehr aufheizt und den Skorpion gefährdet. Je höher die Schicht des Bodensubstrates ist, desto besser kann sie die Wärme regulieren. In der Natur haben die Skorpione die Möglichkeit sich selbst in ihrem sehr begrenzten Lebensraum in der Wüste Versteckplätze zu schaffen, wo sie auch die größte Hitze überstehen können.

BODENSUBSTRAT UND TERRARIENDEKORATION

Prinzipiell leben Skorpione in der Natur in zwei verschiedenen Lebensräumen. Je nach Auswahl der Art für ihr Terrarium müssen Sie den entsprechenden Lebensraum soweit als möglich kopieren, damit sich Ihr Tier wohlfühlt. *Pandinus* und *Heterometrus* stammen aus warmen Gebieten Afrikas und Asiens mit hoher Luftfeuchtigkeit. Aus diesem Grund benötigen sie ein lockeres, leichtes Bodensubstrat in welchem sie Versteckplätze anlegen können. Die Höhe des Bodensubstrats sollte etwa der doppelten Körperlänge des Skorpions entsprechen. Ist der Skorpion fünf Zentimeter groß, sollte das Bodensubstrat also eine Höhe von zehn Zentimeter erreichen. Diese Höhe garantiert dann genügend Bewegungsspielraum für den Skorpion. Das Bodensubstrat kann aus verschiedenen Materialschichten bestehen. Sehr gut geeignet als Basissubstrat ist Torf oder Vermiculit. Auch spezielle Orchideenerde, die einen hohen Anteil an Baumrinde enthält, ist gut als Bodensubstrat geeignet. Dieses Material ist schön locker und läßt sich durch den Skorpion gut bewegen. Sie können mehrere Arten von Substraten miteinander koordinieren und Sie werden bald feststellen, welche Art von Substrat Ihrem Skorpion am besten entspricht. Wenn Sie Torf benutzen, müssen Sie sicher gehen, daß es sich um ungedüngten Torf handelt, der eventuell sterilisiert ist, damit möglichst keinerlei Parasiten in das Terrarium übertragen werden kann. Das gleiche gilt auch für andere Bodensubstrate, wie Gartenerde oder Orchideenerde. Wenn Sie ganz sicher gehen wollen, daß das Bodensubstrat keimfrei ist, dann können Sie es nochmals im Backofen für zehn Minuten auf 200 ° erhitzen. Vermiculit hat sich als perfektes Bodensubstrat in der Terraristik herausgestellt und wird heute sehr gerne von Terrarianern verwendet. Wenn das Vermiculit zu viele kleine Teilchen enthält, können Sie versuchen diese durch Sieben zu entfernen. Damit die Luftfeuchtigkeit im Terrarium hoch bleibt, müssen Sie das Bodensubstrat möglichst jeden Tag mit lauwarmem Wasser einsprühen. Vermeiden Sie es dabei den Skorpion anzusprühen, denn die Tiere können dadurch erschreckt werden. Im Terrarium sollte auch eine leichte Luftzirkulation vorherrschen, ohne daß es zu Durchzug kommt. Dies wird dadurch erreicht, daß mindestens zwei Öffnungen, die mit

Gaze verschlossen sind, im Terrarium angebracht wurden. Das Substrat soll nach dem Sprühen zwar feucht aber nicht naß sein. Nässestau im Substrat ist unbedingt zu vermeiden. Wenn Sie ein Kunststoffterrarium benutzen, dann besitzen diese im seperaten Deckel meistens zwei Lüftungsschlitze, die ausreichen um für eine genügende Zirkulation zu sorgen. Die Öffnungen müssen von der Größe her aber so ausgelegt werden, daß einerseits eine Luftzirkulation gewährleistet ist, andererseits aber die Feuchtigkeit aus dem Terrarium nicht zu schnell entweicht. Auch Skorpione benötigen eine Wasserschüssel, die aus entsprechend schwerem Material sein sollte. Diese Wasserschüssel ist auch mindestens jeden zweiten Tag zu reinigen und frisch zu befüllen. Das Wasser in dieser Schüssel wird bei den hohen Temperaturen ebenfalls langsam verdunsten und muß deshalb regelmäßig nachgefüllt werden. Dieses Wasser hilft auch die Luftfeuchtigkeit entsprechend hoch zu halten.

Die Wüstenskorpione, die Arten der Gattungen *Hadogenes*, *Androctonos*, *Opisthophthalmos*, *Buthus*, *Parabuthus* und *Letrus* sowie die meisten Skorpione des amerikanischen Südwestens benötigen ein trockenes Wüstenterrarium mit mindestens zehn besser fünfzehn Zentimeter Sand als Bodensubstrat. Vogelsand wie er in allen Zoofachgeschäften angeboten wird, ist für diese Terrarien gut geeignet. Sonst benötigen Sie nichts im Terrarium an Bodensubstrat als diesen Sand. Wichtig ist jedoch, daß der Sand wirklich tief genug ist. Auch Wüstenbewohner benötigen etwas Wasser und deshalb sollte nicht versäumt werden, auch ihnen eine Schale mit Trinkwasser ständig anzubieten. Selbst wenn die Tiere anscheinend dieses Wasser nicht benötigen, sollten Sie dennoch die Wasserschale in das Terrarium stellen.

Die Skorpione mögen es in der Nähe eines Felsens oder eines größeren Stükkes Holz im Sand zu graben. Aus diesem Grund sollten solche Dekorationsstücke vorhanden sein. Für Zuchtzwecke müssen flache Steine vorhanden sein, auf welchen die Skorpione ihre Paarungsrituale vornehmen können. Benutzen Sie für Wüstenterrarien nicht zu komplizierte Einrichtungsgegenstände, denn sonst können Sie nicht sehen, wo sich ihr Skorpion aufhält. So könnte es zu Unfällen kommen, wenn Sie in das Terrarium langen und der Skorpion plötzlich aus seinem Versteck hervorbrechen würde. Je einfacher Sie das Terrarium aufbauen, desto unkomplizierter ist die Haltung der Tiere. Wenn Sie alte, nichtakzeptierte Futterstücke aus dem Terrarium nehmen wollen, sollten Sie ebenfalls sehr vorsichtig vorgehen und besser eine Pinzette benutzen. Sie können Ihre Hand auch durch Lederhandschuhe vor einem möglichen Stich schützen.

FÜTTERUNG

Alle Skorpione sind Jäger und möchten ihre Beute am liebsten selbst fangen. Zu ihren Beutetieren gehören alle Arten von Insekten, Spinnen und auch kleine Schlangen oder sonstige Kriechtiere. Eines der Hauptfutter in Gefangenschaft sind Heimchen, deren Größe der Größe der Skorpione angepaßt sein muß. Ausgewachsene, größere Skorpionarten bevorzugen Heuschrecken, die sie sehr gerne fangen. Sie fressen in der Woche zwei bis drei große Heimchen oder entsprechend große Heuschrecken. Im Jugendstadium reicht meist ein Heimchen pro Woche als Futter aus. Babyskorpione müssen auch gefüttert werden und sie benötigen zweimal in der Woche entsprechend kleines Futter. Trächtige Weibchen und Skorpione die kalt gehalten werden, müssen nicht gefüttert werden. Wenn Sie also für einige Zeit in Urlaub fahren, können Sie das Terrarium entsprechend kühl stellen, womit sich der Körperhaushalt Ihres Skorpions deutlich reduziert und eine Fütterung unnötig wird. Nach der Rückkehr bringen Sie den Skorpion wieder auf Normaltouren und bieten ihm sein Lieblingsfutter.

Auch Mehlwürmer werden von Skorpionen akzeptiert. Größere Skorpionarten können auch Babymäuse annehmen. Eine zusätzliche Vitamin- und Kalzium-

I. FRANCAIS

Pandinus imperator gehört zu den „sichereren" Arten die kaum stechen.

HANDHABUNG

Zu allererst muß gesagt werden, daß Sie niemals Ihren Skorpion berühren sollten. Skorpione sind keine Haustiere die wie Goldhamster herausgenommen werden um sie herumzuzeigen oder vielleicht sogar streicheln zu wollen. Arten der Gattungen *Pandinus* und *Heterometrus* sind relativ harmlos und stechen nur selten. Das gleiche kann aber nicht über viele andere Arten gesagt werden, die auch im Handel angeboten werden. Bei der Hälterung von Skorpionen müssen Sie auch die eventuell anfallenden gesetzlichen Bestimmungen einhalten. Stiche der Gattungen *Centruroides*, *Tityus* und *Leturus* können beim Menschen zum Tod führen. Es liegt also keinerlei Grund vor, dieses Haustier als harmlos einzustufen. Sind Sie besonders vorsichtig, mit Ihnen unbekannten Arten, denn Sie wissen ja nicht wie giftig ihr Stich sein kann. Falls die Skorpione aus Afrika oder Asien stammen, ist Vorsicht immer angebracht. Wenn Sie einen Skorpion dennoch handhaben müssen, müssen Sie unbedingt lange schwere Handschuhe anziehen. Über den Skorpion sollten Sie, bevor Sie ihn aufnehmen noch eine zusammengefaltete Plastiktüte stülpen, so daß er ruhiggestellt wird. Nehmen Sie den Skorpion dann in der Mitte des Körpers auf und beachten Sie dabei, daß die Plastiktüte dafür sorgt, daß der Stachel

versorgung ist bei guter Fütterung normalerweise nicht erforderlich. Natürlich muß das Futter für diese nachtaktiven Tiere auch nachts verabreicht werden.

R. BECHTER

Androctonus crassicauda gehört zu den giftigsten Arten überhaupt. Hier trägt ein Weibchen etwa 80 Neugeborene mit sich. Beachten Sie das zwischen dem zweiten und dritten Bein hervorragende Tastorgan.

nicht nach oben gebogen werden kann. Besser ist es aber den Skorpion nicht mit den Händen direkt anzulangen, sondern Handschuhe anzuziehen und dann eine entsprechend große Pinzette, wie sie auch zur Handhabung von Spinnen verwendet wird, auszusuchen und ihn damit festzugreifen. Setzen Sie die Pinzette so unter dem Körper an, daß Sie ihn in etwa der Mitte des Körpers zu fassen bekommen. Während Sie sich mit dem Skorpion beschäftigen, dürfen Sie ihn niemals aus den Augen lassen, denn sonst könnte es zu einer schnellen Bewegung und zu einem Stich kommen.

AUSWAHL DER SKORPIONE

Ein Anfänger in der Pflege von Skorpionen sollte sich Arten aussuchen, die widerstandsfähig und wenig giftig sind. Die lebensbedrohlichen, gefährlichen, giftigen Skorpione sollten erfahrenen Terrarianern vorbehalten bleiben. Lassen Sie sich bei der Auswahl durch Ihren Fachhändler entsprechend beraten. Diese Tiere werden auch durch Händler verschickt und auch hier sollten Sie zuerst einmal telefonischen Kontakt aufnehmen, um den für Sie geeigneten Skorpion aus dem Angebot herauszufinden. Als Anfänger dürfen Sie keinesfalls die Skorpione einfach nach Aussehen und Gefühl kaufen, sondern Sie müssen sich schon vergewissern, ob es sich um eine relativ harmlose Art handelt.

Die westafrikanischen Skorpione *Pandinus imperator* sind sehr verbreitete und ausgezeichnete Tiere für die Terrarienhaltung. Viele dieser Arten zeigen eine dunkle braune bis schwarze Färbung und erreichen durchschnittlich eine Größe von bis zu 15 cm. Ihre Pedipalpen sind sehr groß. Ihr Stachelglied ist kurz ja fast plump und sieht sehr zerbrechlich aus. Viele dieser Arten stammen aus Ghana, deshalb sollten sie in warmen und feuchten Terrarien gehalten werden. Das Substrat könnte aus Vermiculit bestehen. Auch die asiatischen Waldskorpione der Gattung *Heterometrus* sind sehr groß und

Androctonus bicolor, ein tödlicher Skorpion, dem aus dem Weg gegangen werden sollte, auch wenn er im Fachhandel angeboten wird.
Foto: R. D. Bartlett.

sehen attraktiv aus. Auch sie benötigen ähnliche Terrarien wie die vorgenannten Arten. Es soll warm und feucht sein und ein mulchähnliches Substrat besitzen. In diesem Substrat können Sie Versteckplätze bauen.

Der Südwesten der Vereinigten Staaten bietet eine große Vielfalt von harmlosen Skorpionen in einer Größe von fünf bis zehn Zentimetern an. Diese Skorpione sind meist für Anfänger und die Terrarienhaltung gut geeignet. Ihre Stiche rufen nur Schwellungen und leichte Schmerzen für einige Stunden hervor, ähnlich einem Bienenstich. Sie bauen keine Verstecke wie andere Skorpione, sondern bevorzugen es, am Boden unter Steinplatten zu sitzen. Sie hängen sich auch von oben nach unten an Felsen auf und so kann es vorkommen, daß man sie in der Natur sogar einige Meter über dem Bodengrund, an einem Felsen hängend, findet Sie können perfekt klettern und sie würden jede Chance nutzen, um aus einem Terrarium zu entkommen. An dieser Stelle sei nochmals angefügt, daß Terrarien von Skorpionen unbedingt ausbruchsicher sein müssen. Es ist eine Selbstverständlichkeit, daß die Terrarien auch abschließbar sind, so daß Unbefugte oder Kinder keine Möglichkeit haben, im Terrarium zu hantieren.

Verzichten Sie auf die Haltung von Arten der Gattung *Androctonus*, denn hierbei handelt es sich um die gefährlichsten aller Gifttiere. Ihr Gift wird gerne mit dem der Kobraschlange verglichen. Durch diese Skorpione kommt es häufig zu Todesfällen in Nordafrika und dem mittleren Osten. Diese Skorpione müßten dem absoluten Spezialisten für Forschungszwecke vorbehalten bleiben. Für das Studium und die Zucht von Skorpionen reicht es doch völlig aus, die harmloseren und weniger giftigen Skorpione zu pflegen, denn wenn Sie einmal Besuch bekommen und Ihre Skorpione zeigen, dann glauben Ihnen Ihre Besucher so oder so, daß diese Tiere gefährlich sind, selbst wenn dies in der Praxis gar nicht so wäre.